한국 사회의
외래인 배제

한국 사회의 외래인 배제

김태수 지음

인간사랑

Selected as a Good Book and Awarded
by Korea Publication Ethics Commission, 2009

Social Exclusion of Aliens in Korea

Authored by Taesoo Kim, Ph. D.

The Publisher Humane Love (In−gan−sa−rang),
Metropolitan Seoul, South Korea ⓒ 2009

동서가 하나되고 남북이 통일되며 세계인이 어우러지는

참으로 인간적인 한국 사회를 꿈꾸며

In Pursuit of Humane Korean Society, East—West—Equalized,

South—North—Unified, and Native—Alien—United

머리말

2009년 현재 한국 사회에는 전체 인구 5천만의 2%에 해당하는 백만 명 이상의 외래인(aliens)이 거주하고 있다. 물론 외래인이라 하면 외국인 노동자와 북한이탈주민, 귀국교포, 다문화 이주여성 등 상주 인구만을 포괄하는 개념으로, 단순 체류자까지 합하면 훨씬 많은 외래인이 단일민족이라는 허위의식(false consciousness)을 가진 한국인과 더불어 살고 있다. 이른바 색목인(色目人)들과 더불어 산 고려 시대, 중동까지 활발한 국제무역을 펼친 신라 시대, 거란 및 여진까지 아우른 고구려 시대, 허황옥 등 일단의 인도인을 받아들인 가야 시대, 호랑이로 비유된 흉노(Hungary)와 돌궐(Turkey)까지 등장시킨 단군신화의 고조선 시대 등 지금껏 한국인은 잠시도 단일민족인 적이 없었다. 외래인에 대한 한국인의 배타성은 한국인의 본유적 정서가 결코 아니며, 일제지배 아래서 지극히 최근에야 형성된 것이다.

범지구적 불황은 예외 없이 외래인에 대한 구조적 차별 경향을 강화하고 있다. 외래인에 대해 가장 포용적이었던 유럽연합에서조차 최근 실업과 불황으로 인해 외래인에 대한 사회적 배제 경향으로 나아가고 있다. 완화 경향성에도 불구하고 여전히 외래인에 대한 사회적 배제의 정도가 가장 심한 한국에서는 최근 영주권제도 검토와 관련된 입법예고에서 보듯 특히 이명박 정부의 출범과 함께 강력한 배제의 우려가 현실화되고 있다.

한국은 UN과 국제노동기구 등이 권고하는 외래인 차별금지 기준에 크게 미달하고 있다. 특히 OECD 회원국과 세계 10위권의 경제규모, WTO와 UN 사무총장 배출이라는 위상에 견주면 그 정도는 더욱 열악하다. 외국인 노동자와 단순 체류자는 물론이고 일본 등 어느 나라에도 없는 교포차별도 심각한 수준이며, 북한이탈주민과 다문화 이주여성에 대한 구조적 차별은 보호조항에도 불구하고 보편화되어 있다. 이렇듯 한국이 외래인에 대해 배제적일 수밖에 없는 것은 계몽주의(enlightenment)를 앞세우고 장기간의 풍요에 기초하여 세계주의(globalism)를 지향해 온 선진제국과 달리, 근대주의(modernism)에 기초한 보편적 풍요를 건너뛴 상태에서 세계화로 인한 범지구적 경제공황과 직면했기 때문이다.

한국 사회에는 장애인과 노인, 아동, 여성 등 이른바 전통적 취약계층 외에도 다양한 범주를 포괄하는 외래인이라는 이른바 신취약계층이 널리 분포해 있다. 그간 신취약계층으로서의 외국인 노동자와 북한이탈주민, 귀국교포, 다문화 이주여성 등 외래인의 각 하위범주에 대해서는 다양한 연구와 함께 문제해결의 대안들이 나오고 있다. 그러나 정작 이들 하위범주를 포괄할 수 있는 상위개념화가 미진하고 근원적 해결대안의 제시가 미흡한 가운데 있다. 바로 이러한 문제의식에서 이 책이 구상되었다.

서울 강서구에 위치한 그리스도 대학교가 관내에 집중 거주하는 북한이탈주민에 대한 관심을 계기로 2007-2009 3년간 그 전문가

양성 프로젝트로 교육인적자원부 · 교육과학기술부 지원 수도권 대학 특성화사업 대상으로 선정되고, 저자도 그 사업단 소속 교수로 배속되면서 처음 북한이탈주민이라는 외래인의 하위범주에 관심을 갖기 시작하였다. 이후 외국인 노동자와 귀국교포, 다문화 이주여성까지 포괄하여 외래인의 개념을 도입하였으며, 이들에 대한 포괄적 이해와 문제의 틀을 정리할 필요성을 느껴 본서를 구상하게 되었다.

본서는 외래인을 개념화하고 그들에 대한 통합적 이해의 필요성을 제기하며, 소박한 문제의식에서 문제해결의 방향을 모색하는 정도에 의미가 있지 않을까 한다. 이 문제가 화두로 등장하고 있는 절박한 사회적 관심사여서 본서는 시급한 작업결과 본격적 연구가 되지 못하고 그것은 결국 후속되어야 할 과제로 남고 말았다. 연구성과의 체계성보다는 바로 이러한 시의성으로 인해 한국간행물윤리위원회가 교양부문 우수저작으로 선정하지 않았나 생각해 본다.

먼저 여러 가지 어려운 여건 아래서 북한이탈주민 전문가 양성 프로젝트로 그리스도 대학교의 수도권 대학 특성화사업을 주도하면서 문외한이었던 저자를 끌어준 박영희 사회복지학부 교수님께 감사드리고자 한다. 또한 부족한 원고를 책으로 낼 수 있도록 격려를 아끼지 않으신 그리스도 대학교 고성주 총장님과 이오갑 교무처장님께도 감사드린다. 마지막으로 턱없이 부족한 원고를 우수저작으로 선정하여 장차 활발해질 논의의 토대를 마련해 준 한국간행물윤리위원회에 무한한 감사를 드리고자 한다.

2009년 7월 중복을 지나며
화곡동 봉제산 자락에서 지은이 씀

한국 사회의 외래인 배제

목차

제**1**부

서장

제1장
논의의 실마리

1. 한국 사회의 외래인 배제, 왜 문제인가?

2009년 봄 현재 한국에는 1백만 명 이상의 외국인과 3만 명 이상의 북한이탈주민, 150만 이상의 귀국교포, 1십만 이상의 다문화 이주여성이 거주하고 있다. 이제 한국은 더 이상 단일민족 국가가 아니라 모두 260만 명 이상의 외래인이 5천만 명의 내국인과 더불어 살고 있는 다민족 국가로 전이된 지 오랜 것이다. 2007년 현재 등록된 외국인은 거의 80만 명에 이르며, 외국인 노동자는 약 40만 명, 불법체류자는 약 20만 명에 이른다. 이들과 중복되긴 하지만 30만 이상의 등록 외국인이 국내에 체류중이며, 귀국교포와 북한이탈주민도 160만 명에 육박하고 있는데, 이들의 통계는 다음의 표와 같다.

⟨표 1-1⟩ 국내 외국인 등록 인구 현황

	1995	2000	2001	2002	2003	2004	2005	2006	2007
계	123,881	244,172	267,630	287,923	437,014	469,183	485,477	632,490	765,429
남	70,755	143,177	153,449	159,356	257,628	278,377	283,998	370,728	438,660
여	53,126	100,995	114,181	128,567	179,386	190,806	201,479	261,762	326,769

자료 : 통계청(2008). 「국가통계포털」 ; 원출처 : 각 시도 기획관리실 기획관실.

⟨표 1-2⟩ 외국인 근로자 추이

	전체 외국인 노동자	취업비자	연수비자		불법체류자
			해투연수생	산업연수생	
1991	44,850	2,978	–	–	41,877
1992	73,868	3,395	4,945	–	65,528
1993	66,919	3,767	8,644	–	54,508
1994	81,824	5,265	9,512	18,816	48,231
1995	128,906	8,228	15,238	23,574	81,866
1996	210,494	13,420	29,724	38,296	129,054
1997	245,399	15,900	32,656	48,795	148,048
1998	157,689	11,143	15,936	31,073	99,537
1999	217,384	12,592	20,017	49,437	135,338
2000	285,506	19,063	18,504	58,944	188,995
2001	329,555	27,614	13,505	33,230	255,206
2002	362,597	33,697	14,035	25,626	289,239
2003	388,816	200,039	11,826	38,895	138,056
2004	421,641	196,603	8,430	28,125	188,483
2005	345,579	126,497	6,142	32,148	180,792
2006	394,511	166,599	6,806	31,886	189,220

자료 : 법무부.

〈표 1-3〉 국적별 불법체류자 현황(2005)

구분	계	중국		방글라데시	필리핀	몽골	베트남
		동포	한족				
계	141,933	34,506	32,395	10,377	8,438	7,928	7,791
장기	51,663	13,137	8,475	4,211	4,447	586	6,403
단기	90,270	21,369	23,920	6,166	3,991	7,342	1,388

자료 : 법무연수원(2007). 「외국인범죄의 실태와 대책」. 9.

〈표 1-4〉 체류 외국인 현황(2007)

분야	계	아시아	분야	계	아시아
공무 Official Duty	461	196	사증면제 Visa Waiver	10,267	5,812
관광통과 Tourist/Transit	21,024	7,436	일시취재 Temporary News Coverage	25	15
단기상용 Short-term Business	18,283	17,319	단기종합 Short-term Visitors	33,269	27,480
단기취업 Short-term Employment	603	314	문화예술 Culture/Art	177	141
유학 Students	15,272	13,713	산업연수 Industrial Trainees	5,859	5,630
일반연수 General Trainees	14,185	13,777	기업투자 Treaty Investors	1,657	1,049
무역경영 Treaty Traders	817	240	교수 Professors	503	280
회화지도 Teaching Foreign Languages	8,816	577	연구 Research	855	689
기술지도 Special Technology Instruction	101	24	전문직업 Speciality Occupations	108	30
예술흥행 Artsand Entertainment	2,677	2,104	특정활동 Other Particular Occupations	2,824	2,114

방문동거 Visiting and Joining Families	20,143	18,985	거주 Residence	24,118	23,772
동반 Dependent Families	3,315	1,831	재외동포 Overseas Korean Residents	3,323	42
영주 Permanent Residence	586	561	관광취업 Working Holiday	283	237
방문취업 Visiting & Employment	93,783	93,364	기타 Others	1,825	1,822
합계 Total	317,559		아시아 총계	271,403	

출처 : 법무부. 「국제 인구이동 통계」. 2008.

〈표 1-5〉 재외교포 및 체류자(2005, 2007)

	2005			2007		
	총계	재외교포	체류자	총계	재외교포	체류자
세계	6,638,338	5,490,983	1,147,355	7,044,716	5,499,280	1,545,436
중국	2,439,395	2,155,664	283,731	2,762,160	2,247,510	514,650
일본	901,284	800,410	100,874	893,740	795,721	98,019
캐나다	198,170	158,161	40,009	216,628	173,559	43,069
미국	2,087,496	1,665,452	422,044	2,016,911	1,557,749	459,162
아르헨티나	19,171	17,996	1,175	21,592	20,974	618
브라질	50,296	49,420	876	50,523	49,619	904
과테말라	9,943	2,787	7,156	9,944	2,788	7,156
오스트리아	1,620	330	1,290	1,998	473	1,525
프랑스	13,162	1,335	11,827	13,981	2,553	11,428
독일	31,966	15,296	16,670	29,800	14,776	15,024
이탈리아	5,080	57	5,023	5,502	514	4,988
네덜란드	1,875	450	1,425	1,751	719	1,032
러시아	190,671	185,885	4,786	209,025	201,900	7,125
영국	40,810	6,550	34,260	41,995	8,565	33,430

이집트	685	1	684	932	26	906
리비아	964		964	605	0	605
남아공	3,452	382	3,070	3,480	1,131	2,349
호주	84,316	50,198	34,118	105,558	54,632	50,926
뉴질랜드	31,500	17,955	13,545	32,972	23,877	9,095

출처 : 통계청 통계정보국 행정정보팀.
* 2년에 한번 조사하여 홀수년도에 발표함.

〈표 1-6〉 혼인에 의한 귀화 추이

외국인 처의 국적별	2001	2002	2003	2004	2005	2006
계	10,006	11,017	19,214	25,594	31,180	30,208
일본	976	959	1,242	1,224	1,255	1,484
중국	7,001	7,041	13,373	18,527	20,635	14,608
미국	265	267	323	344	285	334
필리핀	510	850	944	964	997	1,157
베트남	134	476	1,403	2,462	5,822	10,131
태국	185	330	346	326	270	273
러시아	157	241	297	318	236	206
몽고	118	195	318	504	561	594
기타	660	658	968	925	1,119	1,421

자료 : 통계청.

〈표 1-7〉 북한이탈주민 입국자 수 추이

1995	1996	1997	1998	1999	2000	2001	2002	2003	2004	2005	2006
41	56	86	71	148	312	583	1,139	1,281	1,894	1,383	2,019

자료 : 통계청(2008). 「국가통계포털」.

한국은 이러한 외래인의 규모와 급증추세에 걸맞게 외래인을 대우하고 있는가? UN 사무총장을 배출한 OECD 회원국으로서 선진국 진입을 목전에 둔 대한민국이 갖는 세계적 위상에 뒤지지 않는 외래인 정책을 구비하고 있는가?

재한 외국인 처우 기본법과 다문화가족지원법 등 전향적인 외래인 정책이 입안되고는 있지만, 체계적이지 못할 뿐만 아니라 출입국관리법과 외국인 근로자의 고용 등에 관한 법률은 여전히 통제와 차별이라는 정향성을 벗어나고 있지 못하다. 뿐만 아니라 UN과 ILO 등 국제기구가 권고하는 가장 기본적인 외래인 인권 관련 협약에도 가입하지 않고 있는 실정이다. 민족을 달리하는 이러한 외국인에 대한 체계적 차별 이외에 북한이탈주민과 귀국교포 등 같은 한민족에 대해서도 각종 차별이 일반화되어 있다. 다문화 이주여성과 그 가족에 대한 차별도 만연하다.

그러나 대한민국은 처음부터 단일민족 국가가 아니었다(이종호, 2009). 한민족의 기원과 형성과정에 대한 다양한 연구가 이루어지고 있지만(이선복 외, 1996 ; 1997), 북방계인 기마민족의 후예만으로 이루어진 것이 아니라 인도쪽에서 들어온 가야제국의 국모인 허황옥에서 보듯 남방계도 섞여 있다(박기현, 2007 ; 김병모, 2004 ; 김병호, 2003). 또한 국제무역이 흥했던 신라에도 많은 외국인이 들어왔다. 고려 시대엔 아랍인을 주축으로 한 백인들을 이른바 색목인으로 포용한 몽골제국의 영향으로 다양한 인종까지 포용했던 것으로 나타나고 있다.

이들 외래인에 대한 한국 사회의 체계적 차별을 사회적 배제라 한다면, 이러한 외래인에 대한 한국 사회의 사회적 배제는 장애인과 노인, 실업자, 여성, 아동 등 전통적 취약부문 외에 새로운 취약부문에 대한 새로운 형태의 사회적 배제에 해당한다. 다민족과 다인종으로 구성된 미국이나 러시아, 중국 등에 비해서는 물론 단일민족 국가인 프랑스와 영국 등 유럽제국, 심지어 매우 배타적인 독일에 비해서도 한국의 외래인 배제는 매우 심한 편이다. 선진국, 특히 유럽에서의 사회적 배제는 전통적 취약계층, 특히 노인과 실업자 등에 대한 차별현상에 주목했다. 이러한 전통적 약자에 대한 차별은 한국에서도 예외가 아니고 그 정도가 더욱 심하지만, 외국인은 물론 심지어 동포인 북한이탈주민과 귀국교포에 대한 한국 사회의 배제와 차별은 매우 이례적인 것이다.

2. 외래인에 대한 사회적 논의와 합의의 필요성

외래인에 대한 한국 사회의 배제는 특이한 현상일 뿐만 아니라 매우 체계적이어서 이들의 인권문제를 넘어 외래인의 반발인 범죄의 빈발은 물론, 시위와 실력행사 등 체계적 대항조짐마저도 일고 있는 실정이다. 외래인에 의한 폭동은 이제 먼 나라의 얘기가 아닌 것이다. 이러한 현상에 대한 정부의 정책은 우선 임시방편으로서의 비체계성을 보여준다. 여전히 통제위주적인 정책이 주종을 형성하는 가운데 세계화 추세에 맞추어 전향적인 입법도 이루어지고 있다.

우선 외래인 문제와 대안에 대한 공론의 장이 마련되어야 한다. 이를 위해서는 한국 사회 구성원의 최소한의 관심과 합의가 도출되어야 한다. 물론 국내적인 통합도 어려운 가운데 이들의 급증은 한국 사회 갈등양상을 더욱 복잡하게 만드는 요인에 틀림없다. 그러나 동서문제 극복을 위한 미시적 사회합의와 남북통합이라는 거시적 사회합의를 넘어 문화통합이라는 세계적 사회합의가 동시에 진행되어야 할 것이다.

3. 외래인과 사회적 배제란 무엇인가?

외래인에 대한 사회적 관심이 필요하다. 이들은 그들의 필요에 의해서 한국 사회에 들어왔지만 한국 사회에도 흡인요인은 분명히 있다. 특히 외국인 노동자는 학력 인플레를 부추기는 한국의 잘못된 인력정책으로 인해 부족한 하급 노동력을 보충하기 위해 도입되었고, 귀국교포도 마찬가지이다. 또한 다문화 이주여성도 한국 사회의 흡인요인이 출신국의 압출요인보다 강하다고 보아야 할 것이다. 다만 북한이탈주민의 경우 압출요인으로 설명되어야 하지만 기획탈북과 기획입국 등 흡인요인도 없지는 않다.

이들은 단일민족이라는 허위의식에 젖어 있는 한국이라는 매우 배타적인 사회에서 체계적인 차별을 받고 있다. 당연한 차이가 아니라 부당한 차별을 당하고 있는 것이다. 이들이 신취약계층으로 형성된 지도 오래여서 사회정책 계통에서 많은 문제진단과 대안제시가 이루어지고 있다.

이들에 대한 접근을 위해서는 이론적 작업도 필요하다. 곧 세계화라는 외래인 입국의 근본맥락을 살펴보아야 하고, 외래인을 내보내는 압출요인과 함께 이들을 끌어들이는 한국 사회의 흡인요인을 추출해 보아야 할 것이다. 또한 사회적 배제를 개념화하고 그 척도를 개발할 필요가 있다. 이어서 한국 사회에서 이들이 받는 사회적 배제의 양상을 살펴보고 대안이 제시되어야 할 것이다.

제2장
외래인에 대한 사회적 배제를 어떻게 보아야 하는가?

한국 사회에 거주하는 외국인 노동자와 북한이탈주민, 귀국교포, 다문화 이주민 등을 포괄하여 외래인이라 한다면, 이들의 정체성(identity) 문제는 그들이 한국 사회에서 차지하는 여러 가지 위상은 물론 그들에 대한 사회정책 마련에 토대가 아닐 수 없다. 그동안 이들에 대한 연구들은 그 정체성의 구체적 모색 없이 단지 문제점 진단과 대안개발에 집중되어 왔다. 특히 외래인이라는 포괄적 개념보다는 각각의 범주에 대한 특정의 관점에서 이루어져 왔다. 외국인 노동자에 대한 연구들은 주로 (노동) 경제학과 법적 위상에 대한 법학, 복지적 위상에 대한 사회복지학 등의 관점에서 이루어져 왔다. 또한 북한이탈주민에 대한 연구도 법적 위상 문제나 현실생활의 애로 및 대안개발 관점에서 이루어졌다. 귀국교포에 대한 관심도 이른바 한민족 디아스포라의 극복방안으로서의 한민족 네트워크 구상에 기초하여 다분히 전략적인 측면에 치우쳐 있었던 것이다.

이제 그러한 다양한 논의들을 토대로 하여 그들에 대한 체계적인 정체성 모색이 이루어져야 할 시기로 보인다. 그러한 정체성 모색은 그간 가장 활발히 논의되어 온 영역인 사회과학에서 이루어져야 할 것으로 보인다. 아래에서는 포괄적 개념으로서의 외래인의 위상을 조망할 수 있는 이론적 틀을 살펴보고자 한다. 그간 선구적인 위치에 있었던 사회학 관련 이론들과 경제학 관련 이론, 법학 관련 이론, 정치·행정 관련 이론들의 시각에 의해 그 틀을 구성해 보고자 한다.

1. 사회학 이론

1) 사회갈등론

외래인의 사회(과학)적 위상을 탐색하기 위해서는 먼저 이론적 검토가 필요하다. 우선 사회이론적 시각에서 볼 필요가 있다. 생각건대 오랜 역사를 갖는 사회 이론과 사회사상은 크게 조화 이론(coordination theory)과 갈등 이론(conflict theory)으로 구분할 수 있다. 사회학의 창시자로 꼽히는 꽁트(Auguste Comte, 1798-1857)와 소로킨(Pitirim Sorokin)에서 시작하여 맑스(Karl Marx, 1818-1883)와 뒤르께임(Emil Durkheim, 1858-1917), 베버(Max Weber, 1864-1920), 짐멜(Georg Simmel, 1858-1918), 미드(George Herbert Mead), 호만스(George Homans), 파슨즈(Talcott Parsons)와 머튼(Robert Merton), 밀즈(C. Wright Mills), 다렌도르프(Rudolf Dahrendorf), 코저(Lewis Coser), 콜린스(Randall Collins)에 이르는 방대한 흐름의 조류는 사회적 관계의 양 측면인 협동과 갈등 가운데 상대적으로 중시하는 측면에 따라 양대 조류로 구분할 수 있는 것이다(Johnson, 1981 ; 이경용 김동노 역, 2006).

사회갈등론의 계보에 들 수 있는 사회 이론에는 맑스와 밀즈, 미헬스(Robert Michels), 베버, 다렌도르프, 코저 및 콜린스, 에릭 올린 라이트(Erik Olin Wright) 등이 있다(Johnson, 1981 ; 이경용·김동노 역, 2006 ; 김호기, 2007 ; 최영인 외, 2005). 밀즈는 맑스적 시각에 의해 미국의 파워 엘리트 이론을 전개하였고, 미헬스도 기본적으로 맑스적 시각에서 이른바 과두제의 철칙(Iron Law of Oligarchy)을 입증하려 했다. 다렌도르프는 베버적 시각에서 권위와 권력의 불균형 현상을 연구하였고, 코저는 파슨즈적 기능주의 관점에서 갈등의 기능주의적 분석에 주력했다. 콜린스는 상징적 상호주의(symbolic interactionism) 관점에서 갈등의 상호작용적 동태에 관심을 가졌고, 에릭 올린 라이트는 미국을 중심으로 한 계급구조의 탐색에 주력했다.

한국 사회로 유입되기 시작한 외래인에 대해서도 사회갈등론 시각에서 접근할 필요가 있다. 곧 매우 복잡한 갈등구조를 갖고 있는 한국 사회의 틀(송복, 2003) 안에서 자리매김해야 하는 것이다(조정아 외, 2006). 그들은 영남과 호남 사이의 갈등이라는 전통적 지역갈등 구도 속에서 여타지역 출신이라는 갈등요인을 안고 있다. 또한 상이한 체제에서 한국식 자본주의 체제로 새로이 편입되었다는 점에서 이념갈등 요소도 안고 있으며, 기존 계급 및 계층구조 속에 새로이 자리를 잡는다는 점에서 계급갈등 및 계층갈등도 있다. 새로이 노동시장에 진입하며 노사갈등에 진입할 뿐만 아니라 문화심리적 갈등도 겪고 있다.

2) 사회계층·계급론

맑스는 사회계급론의 실질적 창시자로 알려져 있지만 정작 자칫 가치판단으로 기울 수도 있는 계급이라는 주제는 매우 경시하여 『자본론』 마지막 장에서 계급의 구성요소(what constitutes a class)에 대한 문제 제기를 했을 뿐이다. 그나마 맑스의 계급분석은 추상적 수준의 (계급)구조 지도(abstract structural map)에 대한 세련화와 구체적 수준의 (계급) 복합국면의 지도(conjunctural map)의 분석에 집중되어 있다(Wright, 1985 : 6).

　　사회계급론은 말 그대로 사회를 구성하는 가장 주된 분절적 요소(사회구성체 : social formation)가 바로 계급이라는 주장이다(신광영, 2004 ; 신행철 외, 2001 ; 양춘, 2005 ; 홍두승 외, 1993). 사회계급론은 사회조화론보다는 사회갈등론에 가까워 그 사회갈등의 주요 모순요인으로 계급을 든다(강원택·정병기, 2006). 계급론 가운데 가장 과학적이고 체계적인 접근은 에릭 올린 라이트에 의해 이루어졌다.

　　사회분석으로서의 계급분석(class analysis)은 요컨대 계급구조에 대한 분석적 이해라고 할 수 있다(Hindes, 1987 ; Wright, 1985 : 73 ; 1996 : 374). 잉여노동(surplus labor)의 강제적 착취 대상인 농노(serf)와 주체인 영주(lord)로 대별되는 봉건제(feudalism)와 달리, 노동력과 상품의 시장거래를 특징으로 하는 자본주의 계급구조는 생산수단(means of production)의 불균등 결과 자본과 노동이라는 일종의 이념형으로 분석될 수 있다(Wright, 1985 : 83).

　　계급분석의 접근방법은 크게 여섯 가지로 나눌 수 있다. 노동시장과 작업조직에 기초한 계급 개념인 베버리언 접근방법, 노동의 직업적 분화에 기초한 개념인 뒤르께임 접근방법과 권력을 의미하는 "자본"에 기초해 정의하는 부르디외(Pierre Bourdieu) 접근방법, 시장의 불완전성으로 인한 렌트 개념에 기초한 접근방법, 불평등(inequality) 개념에 기초한 후기 계급(post-class) 접근방법 및 맑스적 접근방법이 그것이다. 이 가운데 맑시스트의 계급론적 방법론은 다양한 계급분석 방법론과의 대비 (Wright, 2005)에서 분명히 드러나는데, 뢰머(John Roemer)의 견해에 의하면 착취기초적 계급 개념(exploitation-based concept of class)이라 할 수 있다.

계급분석의 모형은 크게 세 가지로 나눌 수 있는데, 단순 점증형 (simple gradational) 계급분석과 이에 기초한 베버리언 계급분석 및 맑시스트 계급분석이 그것이다. 단순 점증형 계급분석에 의하면 수입(기회)에 대한 차등적 통제(differential control over income/chance)로 인해 궁극적인 배분갈등(conflict over distribution)이 일어난다고 본다. 궁극적 갈등을 배분갈등으로 보는 베버리언은 수입(기회)에 대한 차등적 통제 이전에 경제적 자산과의 관계(relationship to economic assets)에서 그 단초가 마련되어 교환관계에서의 시장능력(market capacity in exchange relations)을 거쳐 수입 (기회)에 대한 차등적 통제로 인해 배분갈등에 이른다고 주장한다.

반면 맑시스트는 베버리언과 달리 교환관계가 아닌 생산관계 안에서의 위치(location within production relations)에서 시작된 노동력/착취/지배에 대한 차등적 통제(differential control over labor effort/exploitation/domination)가 궁극적으로 생산갈등(conflict over production)에 이른다고 본다. 이러한 맑시스트 계급분석의 장점은 시장교환(exchange)과 생산(production)과의 연결(linkage)이 용이하며, 계급관계에서의 갈등(conflict)과 계급위치(class location)에서의 권력(power)을 중시할 뿐만 아니라 강제(coercion)와 동의 (consent) 개념을 유지하며, 무엇보다 역사적 비교분석이 가능하다는 것이다. 베버리언과 맑시스트 계급분석 틀을 그림으로 나타내면 위의 〈그림 2-1〉과 같다.

한편 라이트는 사회계급을 크게 자본과 노동으로 나누고 각각을 3개의 하위계급과 9개의 하위계급으로 나누어 분석하였는데, 그 내용은

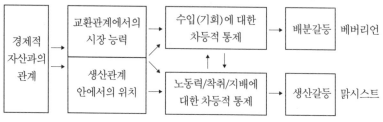

〈그림 2-1〉 베버리언과 맑시스트 계급분석의 틀 비교

〈그림 2-2〉 라이트의 12계급 구분

자본계급		노동계급			
노동고용/ 노동가담 안 함	= 부르주아	관리 전문직	반(半)자격 증 관리직	비자격증 관리직	(높음) ⇧ 조직 내 위상 ⇩ (낮음)
노동고용/ 노동가담	= 자영업자	감독 전문직	반자격증 감독직	비자격증 감독직	
고용 안 함/ 노동가담	= 쁘띠 부르주아	비관리 전문직	반자격증 노동자	프롤레타리아	
		(높음)⇦ 전문기술/자격증 정도 ⇨(낮음)			

위의 〈그림 2-2〉와 같다.

　　한편, 외래인의 계급과 계층은 분명하지 않다. 이는 마치 미국과 유럽에 정착한 신규 이민자나 난민 등과 매우 유사하다. 어쨌거나 다양한 범주의 외래인 증가로 고전적 계급분류법과 계층론도 수정을 요하고 있다. 외래인은 자본과 노동의 이분법에다 최하계급으로 추가되었고, 하류층 아래의 최하계층으로 자리매김되고 있으며, 새로운 취약계층 또는 복지수요층으로 자리잡고 있다.

3) 사회정책론

사회정책론은 개념적으로 사회분석론에 후속한다. 곧 꽁트로부터 시작된 실증주의적 사회학은 가치중립성을 지향했다. 그러한 가치중립적인 사회분석론 가운데 하나가 바로 계급분석과 계급론이다. 계급분석의 결론이자 처방은 바로 사회설계이다. 사회설계의 구체적 방안이 바로 사회정책이다. 곧 사회정책론은 계급분석에서 얻어진 불평등을 완화하기 위한 방안인 것이다.

넓은 의미의 사회정책에는 사회보장정책 등 협의의 사회정책 외에도 누진세제도나 부의 소득세제도(negative income tax), 조세감면제도 등 후생경제적 정책도 든다. 따라서 넓은 의미의 사회정책이란 개인적(individual) 차원의 정책이 아니라 사회 전체적(societal) 차원의 정책이라는 뜻이다. 실제로 사회정책에는 전통적 사회보장 정책 외에 노동정책과 조세정책이 있다(이상광, 2002 : 162-194). 곧 근로기준법과 노동조합관계법 등 노동자 권익을 보호하는 정책이나 소득세 감면이나 부의 소득세, 누진세 등 조세정책도 광의의 사회정책의 일부인 것이다.

실제로 시장(쿠폰) 사회주의(Wright, 1996)나 기초수입(unconditional basic income) 보장제도(Wright, 2005a) 및 창업보조금(stakeholder grants) 지원제도(Wright, 2005b) 등은 저소득 노동계급에 대한 사회정책 대안으로 검토되고 있다.

외래인은 전통적 취약계층과 함께 새로운 취약계층으로 떠오르고 있다. 곧 사회정책의 주요 수혜자로 등장하고 있는 것이다. 이들에게 지급되는 정착지원금은 기초수입의 보장 수준에도 못 미친 채 창업보조금에는 턱없이 모자라는 실정이다.

2. 경제 이론

경제학적 시각에 의하면 다양한 범주의 외래인 국내 유입은 노동시장에 대한 노동공급이다. 국제적으로는 노동의 국제이동이고 국내적으로는 국내 노동시장에 대한 노동공급이다. 노동경제학에서도 이 두 가지 시각에서 접근해야 하지만 전자는 주로 국제경제학 또는 세계경제학에서 다룬다.

외래인의 국내 유입은 노동경제학의 시각에서 보면 노동시장에 대한 노동공급이다. 추가적 비숙련 노동의 공급으로 기존 노동력 임금구조에 영향이 온다. 또한 산업화 초기의 도농 간 노동이동이 재현되는 측면도 있지만 국경을 넘는 노동이동에 해당한다(조우현, 2007 ; 배무기, 2005). 또한 외래인의 유입으로 기존 성별, 학력별 임금차별에 출신부문별 임금차별이 추가된다. 장차 기존 비정규직 문제 등으로 인한 실업문제가 더욱 악화되는 양상을 나타낼 것이다. 고용 등 인사관행에 기존 계층별 불평등과는 다른 불평등 현상이 빚어진다(김용원, 2007 ; 김유배, 2006).

외국인 노동자는 관련 법령에 의해 취업상태에 있어서 이들의 노동경제학적 의의는 매우 크다. 또한 중국 교포를 중심으로 한 국내 체류 귀국교포의 노동경제학적 의의도 크다. 반면 북한이탈주민의 대부분은 북한에서의 경력과 전문성을 활용하지 못한 채 실업상태이거나 잠재적 실업상태 또는 비정규직의 저임 소득자에 머무르고 있고(윤인진, 2006), 80 % 이상이 국민기초생활보장법에 의한 각종 급여혜택을 받고 있다

(윤덕룡·강태규, 1997 ; 윤인진, 2000 ; 북한이탈주민후원회, 2001). 이들은 잠재적 실업자로서, 주로 단순노무직 노동공급의 중요한 부분을 차지할 것이다.

북한이탈주민(새터민)이 개인과 가계 및 기업 수준에서의 미시경제나 국민소득, 실업률, 이자율, 통화량 등 거시경제, 수출입과 국제금융 등 국제경제에 미치는 영향은 앞으로도 그리 크지 않을 것으로 보인다. 그러나 외국인 노동자와 귀국교포의 영향은 점차 증대할 것으로 보인다.

국제(세계)경제의 두 축은 국제무역과 국제금융이라 할 수 있다(강인수 외, 2005 ; 박진근, 2004). 외국인 노동자와 귀국교포 및 다문화 이주민의 본국송금 현상이 있긴 하지만 국제자본의 이동에 주는 영향은 거의 없으므로 국제(세계)금융에서 외래인의 유입이 갖는 의미는 매우 미미한 것으로 보인다. 다만 생산요소인 노동의 국제이동에 의해 비교우위에 영향을 줄 수는 있다. 또한 값싼 노동력을 찾아 해외로 이동하던 국내기업이 다시 국내로 복귀하고 외래인을 활용함으로써 우리나라의 노동집약 산업이 비교우위를 확보하여 우리나라의 수출 상대국인 동북아와 미국 시장 등에 영향을 줄 수 있을 것이다(임을출, 2005 ; 조명철, 2005).

3. 기타-법 이론과 사회복지학, 역사지리학, 정치학 등

외래인의 사회적 위상에 대한 연구는 그 법적 위상, 특히 국제법상 위상과 노동법적 위상에 대한 연구가 가장 진전되어 있다. 외국인 노동자에 대한 법적 연구들은 주로 고용허가제와 노동허가제 등에 관한 노동법적 고찰과 출입국관리법적 고찰, 귀화 등과 관련하여 국적법 등과 관런한 연구가 주종을 이룬다. 주로 북한이탈주민에 대해서는 국제법상 지위와 헌법적 지위에 대한 연구가 가장 활발하다. 국제법적 지위에 대해서는 주로 난민 인정 가능성에 대한 연구가 가장 많다. 귀국교포에 대한 법적 관심은 다국교차적 비교, 전략적 입법방향의 모색이 주류를 이룬다.

외래인의 현실생활 문제와 대책을 다루는 사회복지학적 접근도 많다. 외국인 노동자와 북한이탈주민 및 귀국교포에 대해서도 다루지만 특히 다문화 이주민 여성에 관한 연구들이 특히 많다. 흔하진 않지만 한민족의 단일민족성에 이의를 제기하며 한민족의 형성과정에서 최근에 이르는 외래인의 입국과 동화과정을 다룬 역사지리학적 연구들도 눈에 띈다. 외래인에 대한 정치학적 관심은 특히 북한이탈주민의 정치적 위상문제와 귀국교포 정책의 정치적 함의, 외국인 노동자의 정치참여 문제, 외래인 일반의 인권문제 등에 관심을 갖는다.

4. 외래인에 대한 선행연구

외국인에 대한 연구는 주로 외국인 노동자에 대한 노동경제학적 연구와 그들의 법적 위상에 관한 연구, 생활 일반에 대한 사회(복지)학적 연구, 제도 등에 대한 연구로 나뉘어서 진행되고 있다. 곧 외국인 노동자(근로자)의 실태와 경제적 영향에 관한 경제학적 연구, 출입국 절차와 국제법에 관한 외국인의 위상에 대한 법적 연구, 언어 및 문화 등 적응 서비스 등 외국인의 생활에 대한 사회(복지)학적 연구, 정책, 제도, 인권과 관련한 외국인 정책에 대한 정치·행정학적 연구가 있다.

북한이탈주민에 대한 연구는 크게 그들의 법적 위상에 대한 연구, 입국과 정착제도 등에 관한 정치·행정학적 연구, 실태에 관한 사회(복지)학적 연구로 구분할 수 있다. 귀국교포에 대한 연구는 실태에 대한 사회(복지)학적 연구와 효과에 관한 경제학적 연구 및 방향 모색에 관한 정치·행정학적 연구로 구분할 수 있다.

5. 본서의 연구절차

본서는 크게 네 부분으로 구성된다. 제1부분은 외래인과 사회적 배제와 관련된 주요 개념과 이론에 관한 고찰이다. 제2부분은 외래인의 맥락(context)으로서의 세계화와 그 반대적 조류에 대한 것이다. 제3부분에서는 한국 사회 외래인의 위상과 사회적 배제양상에 대해 살펴본다. 마지막 제4부분은 세계 시민사회를 향한 제언부분이다. 물론 이러한 본격적 논의 이전의 서론부분은 문제의 제기와 연구목적 및 의의, 연구의 대상과 범위, 연구의 방법과 절차에 관한 것들이다.

개념과 이론부분에서는 외래인의 개념과 국제이주 이론을 살펴본다. 이어 사회적 배제의 개념과 이론을 고찰한다. 사회적 배제의 개념과 이론에서는 그 개념화와 측정지표 개발이 이루어진다. 세계화와 관련해서는 세계화의 개념을 살펴보고, 세계화에 따른 국내적 거버넌스와 시민권 개념의 변화양상을 찾아본다. 이어 세계화의 추세와 세계화 반대운동의 추세도 살펴본다.

한국 사회 외래인의 위상에서는 외국인 노동자와 북한이탈주민, 귀국교포 및 다문화 이주민으로 나누어 각각의 위상을 점검한다. 이어 한국 사회 외래인을 시대적으로 살펴보고, 각 범주별 외래인에 대한 사회적 배제의 양상을 고찰한다. 마지막으로 세계시민사회를 위해 사해동포주의의 실천과 외래인에 대한 사회적 합의를 제언한다.

참고문헌에 이어 외래인과 관련된 현행법률의 요지를 발췌로써 정리한다. 먼저 외래인 일반 관련 주요 현행법령으로 출입국관리법과 국적법의 요지를 정리하고, 외국인 관련 주요 현행법령으로 외국인 근로자의 고용 등에 관한 법률과 재한 외국인 처우 기본법을 요약한다. 북한이탈주민 관련 주요 현행법령인 북한이탈주민의 보호 및 정착지원에 관한 법률과 귀국교포 관련 주요 현행법령인 재외동포의 법적 지위에 관한 법률 및 다문화 이주민 관련 주요 현행법령인 다문화가족지원법의 개요를 정리한다.

제**2**부

외래인과 사회적 배제의
개념과 이론

제3장
외래인의 개념과 국제이주 이론

I. 외래인의 개념

외래인(foreign-born population)은 크게 이주자(migrants)와 난민(re-fugees) 및 외국인(alien)으로 구분할 수 있는데, 이주자는 다시 유입 이주자(immigrants)와 유출 이주자(emigrants)로 나눌 수 있다. 또 외국인은 합법적인 등재(documented) 외국인과 불법적인 비등재(undocumented) 외국인으로 나눌 수 있다. 또 피난자나 도피자, 피감시자 등으로 번역되는 asy-lees와 가석방자(parolee), 신입자(entrants)로 구분할 수도 있다.

한국에 거주하는 사람은 헌법 국민조항을 구체화하여 대한민국의 국민요건을 규정한 국적법의 적용을 받는 국민과 적용이 배제되는 비국민으로 대분할 수 있다. 비국민은 합법적(legal & documented) 거주자와 비합법적(illegal & undocumented) 거주자로 구분할 수도 있지만, 대한민국 이외의 합법적 국가의 국민인 외국인(foreigner)과 헌법상 비합법적 국가인 북한에서 이탈하여 정착한 북한이탈주민으로 구분할 수 있다.

여기서 외래인(foreign comer)은 외국 국적을 가지고 한국에 입국한 외국인(foreigner) 가운데 장기체류자와 한국 국적을 취득한 북한이탈주민 및 귀국교포를 통칭한다. 결국은 국적관계를 규율하는 실정법에 따라 대한민국 국적을 가진 내국인과 그렇지 않은 외국인이 구별되며, 외국인 가운데에는 한국에 입국한 외래 외국인과 한국 국적을 취득하지 않은 북한지역 주민과 재외교포가 있다. 외래인을 구분해 보면 〈표 3-1〉과 같다.

〈표 3-1〉 외래인의 구분

국내 거주 외국 출신자	외래 외국인	노동자, 외교관, 방문객 등
	북한이탈 정착주민	국적 무관
	귀국교포	

출입국관리법에 의하면 외국인이란 대한민국 국적을 가지지 않은 사람으로 정의된다. 또한 재한 외국인 처우 기본법에 의하면 외래 외국인은 곧 재한 외국인으로서, 대한민국의 국적을 가지지 아니한 자로 대한민국에 거주할 목적을 가지고 합법적으로 체류하고 있는 자를 말한다. 외국인을 구분하면 다음의 〈표 3-2〉와 같다.

북한이탈주민의 보호 및 정착지원에 관한 법률에 의하면 북한이탈주민은 북한에 주소·직계 가족·배우자·직장 등을 두고 있는 자로서 북한을 벗어난 후 외국의 국적을 취득하지 아니한 자로 정의된다. 북한이탈주민을 단계별로 구분하면 다음의 〈표 3-3〉과 같다.

〈표 3-2〉외국인의 구분

한국국적 미취득자	외국 거주 외국인	순수 외국인	
		북한지역 주민	
		재외 거주 교포	
	입국한 외국인	외래 순수 외국인	합법체류자
			불법체류자
		입국한 탈북자(하나원 출소 이전)	
		입국 교포(국적 미취득자)	

〈표 3-3〉북한이탈주민의 구분

북한을 이탈한 북한국적자	입국 이전 단계 탈북자	
	입국 탈북자	국적취득 이전 탈북자
		북한이탈주민 새터민(국적취득자)

재외동포의 출입국과 법적 지위에 관한 법률 제2조에 의하면 재외동포란 대한민국의 국민으로서 외국의 영주권을 취득한 자 또는 영주할 목적으로 외국에 거주하고 있는 자(재외국민)와 대한민국의 국적을 보유하였던 자(대한민국 정부수립 전에 국외로 이주한 동포를 포함) 또는 그 직계비속으로서 외국국적을 취득한 자 중 대통령령으로 정하는 자(외국국적동포)로 정의된다. 귀국교포를 구분하면 다음의 〈표 3-4〉와 같다.

〈표 3-4〉 귀국교포의 구분

국내 거주 해외교포	국적 취득자 (재외국민)	대한민국의 국민으로서 외국의 영주권을 취득한 자 또는 영주할 목적으로 외국에 거주하고 있는 자
	국적 미취득자 (외국국적 교포)	대한민국의 국적을 보유하였던 자 또는 그 직계비속으로서 외국국적을 취득한 자

II. 국제이주 이론

1. 국제이주 현상에 대한 연구

경제학적 시각에 의한 국제적 노동이동 현상에 대한 연구 이외에 주로 사회(복지)학적 시각 등 다양한 시각에 의한 국제이주 현상 연구가 이루어지고 있다. 예컨대 언론인인 스토커(Peter Stalker)는 10여 년 전부터 이 문제에 관심을 가져(Stalker, 1994) 국제 노동이동 등 이동현상(Stalker, 2008)과 세계화의 노동이동 측면(Stalker, 2000)을 연구해 왔다

메시(Douglas S. Massey)는 1990년부터 미국적 시각에 의해 이 현상에 유의하기 시작하였고(Massey & Alarcon, 1990), 럼바우트(Rubén G. Rumbaut)도 미국으로의 이주현상에 관심을 갖고 있다. 1995년(Rumbaut & Cornelius, 1995)부터 주로 어린이와 소수인종 등 마이너리티로의 이주현상에 유의하고 있다. 미국으로의 이민에 대한 사회학과 인류학, 정치학 등 시각에서의 가장 다학문적 접근은 골드와 럼바우트(Gold & Rumbaut)를

편집장으로 한 『새 미국인들: 최근 이민과 미국 사회』(*The New Americans : Recent Immigration and American Society*) 시리즈이다. 이 시리즈는 2008년 현재 56권 이상이 발간되고 있다.

그 외 미국과 캐나다로의 이민현상에 대한 사회학적 연구는 매우 일찍부터 시작하여(Gordon, 1964) 주로 주류문화에 대한 적응문제를 다루거나(Alba & Nee, 2005) 서인도제도나 라틴아메리카 등 특정 지역 출신의 이주자에 대한 연구들도 있다(Waters, 1999).

2. 외래인 입국에 관한 이론

외래인의 입국요인은 경제적 요인과 비경제적 요인으로 구분해 볼수 있는데, 이는 경제학, 그 가운데서도 노동경제학 분야에서 국내 노동이동 현상은 물론 국제적 노동이동에 관한 이론적 체계화가 가장 앞서있다는 데서 나온 구분법이다. 비경제적 요인에는 난민 등을 설명할 수있는 정치적 요인 등이 있다.

외래인의 입국과 이동을 설명할 수 있는 이론은 크게 수요이론과 공급이론으로 구분할 수 있다. 경제학적 노동수요 이론을 포함한 더 광의의 이론은 흡인 이론(pull theory)이라 통칭할 수 있고, 노동공급 이론을 포함한 광범위 이론은 압출 이론(push theory)이라 할 수 있다(조우현, 1998).

국내 노동이동 이론은 농촌에서 도시로의 이동현상에 관한 이론이 대표적이다. 이에 대해서는 토다로(M.P. Todaro)의 이론(Todaro, 1969)과 농민층분해론이 대표적인데, 전자는 저개발국에서 농촌 노동력이 비공식부문을 거쳐 근대부문으로 이동하게 되는 현상에 유의한 것이다. 후자는 전통적 농촌에의 화폐경제 유입으로 인한 도태 노동력의 도시이동 현상에 주목하고 있다(배무기, 1990 : 34면). 토다로가 압출요인(push factor)과 함께 흡인요인(pull factor)을 고려하고 있다면 농민층분해론은 주로 압출요인을 강조하고 있다.

물론 노동이동에는 지역 간 이동(migration) 이외에도 산업 간(inter-industry), 직종 간(inter-occupational), 직업 간(inter-job), 기업 간(inter-firm) 이동 등 다양한 범주가 있다. 또한 자발적(voluntary) 이동과 비자발적(un-voluntary) 이동으로 구분할 수도 있다.

일반적으로 노동이동 요인에 관한 이론은 임금격차설(push hypothesis)과 취업기회설(pull hypothesis), 직업 및 직장탐색설(job search), 효율추구설(job shopping), 직장합치설(job match), 인적 자본설(human capital), 암묵적 계약설(implicit contract), 효율적 임금가설(efficient wage) 등이 있다(최길상, 1992 ; 정진호, 1999).

1) 흡인 이론

흡인이론에는 노동수요 이론과 경제격차 이론 및 이데올로기론이 있다. 노동수요 이론은 국내 노동시장에서 발생하는 노동수요 현상에 유의한다. 한국이 외래인을 끌어들일 수밖에 없는 이유로는 생산직 인력난과 국내 유휴인력의 대체가능성 결여로 요약된다. 물론 생산직 인력난은 생산연령 비율이 높은데도 불구하고 고학력자 비율이 높아 고임금을 추구하는 경향이 있고, 비숙련 노동의 국내 공급이 부족하며, 이른바 3D업종을 중심으로 생산직을 기피하기 때문이다. 생산직 인력난은 중소 제조업체의 인력난 실태조사에서 드러나고 있다. 14개 업종 240여 개 업체

〈표 3-5〉 외래인 노동력 수요조사 결과

연도	현원	부족인원	외래인 수요율
1996	5,218	156	2.98
1997	4,892	32	0.65
1998	5,293	129	2.44
1999	5,640	62	1.11
2000	5,722	72	1.26
2001	5,925	76	1.28
2002	6,015	149	2.49
2003	6,461	141	2.18

자료 : 노동부(2003). 『노동부 수요동향 보고서』.

를 대상으로 한 조사결과 2.1% 이상의 높은 외래인 노동력 수요가 발생하고 있다.

이로써 한국에서는 주로 동남아시아 출신의 외국인 노동자 수요가 발생하기 시작했다. 비경제적 요인으로 시작된 중국 교포 등 해외동포와 북한이탈주민의 입국으로 저임노동력인 이들에 대한 노동수요가 발생하였다. 특히 외국인 노동자의 입국요인은 국내 노동수요로 설명될 부분이 많다. 현재 외래인 노동자 가운데 전문·기술인력 취업제도에 의한 노동자와 연수취업제도에 의한 산업연수생, 연수취업생, 고용허가제에 의한 외래인 노동자 등이 이 노동수요 이론에 의해 설명될 수 있다.

경제격차 이론은 외래인 출신국과 한국과의 각종 경제적 격차, 특히 임금수준의 격차를 국제적 노동이동의 원인으로 지목한다. 따라서 이 이론은 저임국가의 시각에서 보면 압출요인으로 작용할 수도 있지만 한국 시각에서는 흡인 이론에 해당한다. 이 경제격차 이론은 오랫동안 농

〈표 3-6〉 현행 외래인 노동자 취업제도

구분			비고
전문·기술인력 취업제도			IT전문인력 고용특례 등
단기·단순인력 도입제도	해외투자기업 연수생제도		2년 이내 연수
	연수취업제도	산업연수생	단순인력
		연수취업생	1년 연수 후 2년간 정식취업
	고용허가제		내국인과 동등대우 동포의 서비스업 취업 허용

촌노동의 도시이동을 설명하는 국내 이론(A. W. Lewis, 1954)이었지만 국제이동에도 잘 적용된다. 또한 국제적 노동이동을 인적 자본투자로 보는 인적 자본 모형도 시각에 따라서는 압출요인이 될 수 있지만 한국의 입장에서 보면 흡인요인이다. 자국과 한국에서의 소득수준을 비교함으로써 입국을 결정한다는 로이(Roy) 모형도 한국의 시각에서 보면 흡인요인에 든다(류재원 외, 2004).

경제격차 이론은 외국인과 북한이탈주민 및 귀국 해외동포 모두에게 적용되지만 특히 외국인에게 잘 적용된다. 곧 북한이탈주민과 귀국 해외동포의 입국요인에는 소득수준의 비교보다는 정치적 배려와 동포라는 민족애 등이 더 크게 작용한 것이다. 오히려 이들에게는 이데올로기 이론이 더 적합하다고 해야 한다. 특히 북한이탈주민의 성격을 둘러싸고 정치적 난민과 경제적 이주민 사이에 지리한 논쟁이 계속되고 있지만 이들이 합리적 비교에 의한 경제적 이동을 선택한 건 아닌 것이다. 또한 귀국동포 역시 경제적 요인보다는 정서적 요인이라는 일종의 이데올로기로 이해해야 할 것이다.

이데올로기에 기초한 정치적 이동의 전형은 물론 망명을 포함한 난민이다. 북한이탈주민 후원 민간단체는 이들의 동인이 정치적 압박으로부터의 도피이며, 유엔 난민고등판무관실(UNHCR)이 전향적으로 탈북자를 난민으로 인정할 것을 촉구하고 있다. 귀국동포의 성격도 조총련 및 재미친북단체와 밀착된 북한과의 경쟁에서 비롯된 점에서 보면 다분히 이데올로기적 성격을 지닌다(구동수, 2000 ; 조기선, 2003).

2) 압출 이론

흡인이론과 마찬가지로 압출이론도 노동공급 이론과 경제격차 이론 및 이데올로기 이론으로 구분할 수 있다. (노동)공급 이론은 노동이동 요인으로 수요보다는 공급을 강조하는 이론을 통칭한다. 이는 전통적으로 농민층분해론과 같이 도시의 인력수요보다 농촌의 인력공급 측면을 강조해 왔으며, 국제적으로 저개발국(LDC : less developed countries)의 절대적이거나 상대적인 노동과잉 현상에 주목한다. 실제로 저개발국은 보건 수준의 향상과 식량증산으로 인구와 노동력의 급증세를 보이고 있는 반면, 인적 자본에 대한 투자부족으로 1차 산업을 제외하고는 높은 실업률과 저고용(underemployment) 현상을 보이고 있다. 바로 이러한 저개발국가의 과잉노동 현상은 자연스럽게 선진국 여건과의 비교로 증폭되어 노동공급 요인으로 작용하게 된다. 루이스 이론도 농촌(저개발국)과 도시(선진국)와의 임금수준 비교에 의해 일정수준까지만 무한 노동공급이 발생함을 입증하고 있다(A. W. Lewis, 1954, op. cit).

국가 간 이주행위를 인적 투자로 이해하는 인적 자본 이론도 이주의 제1단계를 노동공급 이론으로 설명한다. 곧 국가 간 이주 현상은 국가 간 임금수준의 비교라는 제1단계와 출입국 절차의 검토라는 제2단계 및 최적 국가로의 이동 결정이라는 3단계로 구성되는데, 노동공급 이론은 제1단계에 해당된다는 것이다. 제2단계에서는 이동 대상국들에서의 노동수요가 고려될 것이다.

저개발국 인력의 숙련도와 선진국에서의 취업기회를 고려하여 이주를 결정한다는 로이(Roy) 이론도 노동수요보다는 공급 측면에 강조점을 둔다(조우현, 1998).

압출요인으로서의 경제격차 이론은 노동공급 이론 일반의 전제가 된다. 곧 선진국과 저개발국 사이의 현격한 경제격차로 인해 노동공급 자체가 발생할 수밖에 없기 때문이다. 다양한 노동공급 이론 가운데 경제격차 이론에는 외국인 근로자보다는 북한이탈주민과 귀국 해외동포의 경우가 더 잘 적용된다. 이들은 곧 노동공급원으로서 입국하게 된 것이 아니라, 이전 거주국가에서의 출국이 주목적이고 사후적으로 노동공급원이 되기 때문이다. 또 다른 노동공급원인 난민의 입국을 설명할 수 있는 이론이 바로 이데올로기론이다. 곧 전형적 난민은 정치적 이유에서 출국을 감행하여 선진국에 입국한 뒤 사후적으로 노동공급원이 되었다는 점에서 경제적 이유가 아니라 정치적 이유로 풀이되어야 하는 것이다.

3. 외래인에 대한 태도의 이론

1) 포섭 이론과 배제 이론

원숙연은 인그램과 드 레온(Ingram & De Leon, 2007)의 논의를 빌려 사회적 소수자인 외래인에 대한 태도를 크게 포섭(inclusion)과 배제(exclu-

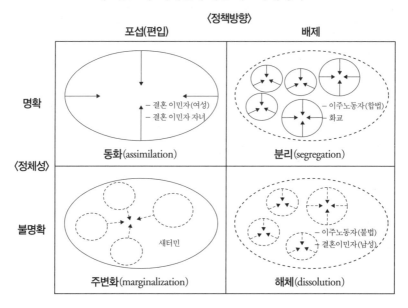

〈그림 3-1〉 외래인에 대한 태도의 유형화

〈정책방향〉

	포섭(편입)	배제
명확	동화(assimilation)	분리(segregation)
불명확	주변화(marginalization)	해체(dissolution)

sion)로 나누고 지속적 포섭을 동화(assimilation), 지속적 배제를 분리(segregation), 유동적 포섭을 주변화(marginalization), 유동적 배제를 해체(dissolution)로 유형화한 바 있다(원숙연, 2008). 현재 결혼여성 이민자와 그 자녀에게는 동화, 합법 이주노동자에게는 분리, 북한이탈주민에게는 주변화, 불법 이주노동자와 결혼남성 이민자에게는 해체 태도를 보여주고 있다고 요약한다.

2) 동화 이론과 다문화 이론

외래인에 대한 태도는 크게 포섭 이론과 배제 이론 및 동화 이론과 다문화 이론으로 나눌 수 있다. 먼저 원숙연은 인그램과 드 레온(Ingram

〈표 3-7〉 동화주의 모델과 다문화주의 모델의 비교

구분	동화주의 모델	다문화주의 모델
문화적 지향	- 문화적 동질화 추구 - 추상적인 타문화 이해와 수용	- 문화적 이질성 존중 - 구체적인 타문화 인정과 보호
국가의 역할	매우 제한적	매우 적극적
정책목표	소수집단의 주류사회로의 동화	소수집단의 고유성 인정을 통한 사회통합
갈등해소방안	완전한 동화를 통한 사회갈등 해소	완전한 참여를 통한 사회갈등 해소
정책수단	소수집단 차별 방지의 법제화 (소극적 수단)	소수집단 문화와 권리 보호의 법제화 (적극적 수단)
다양성 개념	사적 영역의 문화적 다양성 보호	사적·공적 영역의 문화적 다양성 보호
평등 개념	기회의 평등	결과의 평등
이민자에 대한 관점	- '노동력', '이방인' - 통합의 대상	- 사회구성원 - 사회 다양성의 원천
비판	- 이주민 동화의 현실적 어려움 - 이주민에 대한 현실적인 사회적 배제	민족정체성 약화 및 사회적 분열 초래

& de Leon, 2007)의 논의를 빌려 사회적 소수자인 외래인에 대한 태도를 크게 포섭(inclusion)과 배제(exclusion)로 나누고, 지속적 포섭을 동화(assimilation), 지속적 배제를 분리(segregation), 유동적 포섭을 주변화(marginalization), 유동적 배제를 해체(dissolution)로 유형화한 바 있다(원숙연, 2008). 이를 그림으로 요약하면 앞의 〈그림 3-1〉과 같다.

현재 결혼여성 이민자와 그 자녀에게는 동화, 합법 이주노동자에게는 분리, 북한이탈주민에게는 주변화, 불법 이주노동자와 남성 결혼 이민자에게는 해체 태도를 보여주고 있다고 요약한다.

한승준은 외국인에 대한 차별적 포섭·배제 모델과 동화주의 모델 및 다문화주의 모델로 대분한 캐슬과 밀러(Castle & Miller, 2003)의 논의를 빌려 프랑스의 경우를 중심으로 동화 이론(assimilation)과 다문화 이론(multiculture)으로 구분하고 있다. 이 논의에 의하면 양 극점의 스펙트럼 안에서 분야와 집권세력에 따라 그 위상이 자리매김되고 있으며, 대략 동화 이론에서 다문화 이론으로 이행하는 추세에 있음을 알 수 있다(한승준, 2008). 이를 표로 요약하면 앞의 〈표 3-7〉과 같다.

제4장
사회적 배제의 개념과 이론

I. 사회적 배제의 개념

1. 유럽에서의 사회적 배제 개념의 형성과정

19세기 사회적 배제(social exclusion) 개념에 처음 본격적으로 관심을 가져 사회적 폐쇄(social closure)의 한 형태로서 한 집단의 우월적 지위를 이용한 타집단의 희생으로 정의한 사람은 막스 베버였다(Hills & others, 2002). 그러다가 이 개념이 주목을 받게 된 것은 1960년대 프랑스였는데, 정부관료인 마세(Pierre Maseé)가 공식적으로 사용하였고, 르노와르(René Lenoir, 1974)가 사회부적응(social misfit)의 일종으로 인식의 개념을 확장하였다(심창학, 2001). 르노와르는 빈곤을 넘어서는 체계적 배제로 사회적 배제를 개념화하면서 이 개념의 저작권을 가질 정도가 되었다(Sen, 2000). 그러다가 1990년대 들어 새로운 사회적 균열(social cleavage)들이 나타나면서(Littlewood, 1999 ; Byrne, 1999) 단순한 빈-부(rich-poor) 격차에서 배제-포섭(exclusion-inclusion)의 문제로 이행되기에 이른 것이다.

유럽연합도 1970년대 들어 특히 빈곤으로 인한 사회적 배제 현상에 관심을 갖기 시작하였다(심창학, 2005). 세 차례(1975-1980 ; 1986-1989 ; 1990-1994)의 빈곤퇴치 프로그램 시행 이후 1997년 암스테르담 조약(The Amsterdam Treaty)에서 사회적 배제 문제가 정식 의제로 채택되었다. 2000년 유럽정상회담에서 사회포용을 위한 공동보고서(*Joint Report on Social Exclusion*)를 발행하였는데, 여기서는 고용에의 참여와 자원·권리·재화·서비스에 대한 모든 유럽인의 접근 촉진, 배제의 위험 방지, 취약 계층 지원, 모든 관련 기관의 동원 등 4대 공동목표와 노동시장 진입애로 계층에 대한 사회보장과 생애학습 및 노동시장과의 연계 강화, 최저소득 보장과 효율적 근로 유인책 마련, 주거·건강·장기요양·생애학습·문화활동에 대한 취약 계층의 접근성 강화, 청소년의 정규교육과 직업훈련으로부터의 이탈 방지, 취약 계층에 대한 국가의 조기 개입을 통한 빈곤의 대물림 방지, 이민자와 소수인종의 사회통합 촉진 등 6개의 우선정책이 제시되었다. 2000년 리스본 정상회담(The Lisbon European Summit)에서는 2010년까지 유럽의 빈곤을 철폐하기로 선언하였고, 2000년 유럽이사회(European Council)는 사회포용(social inclusion)을 위한 국가행동계획(NAP : National Action Plan)을 입안하기에 이르렀다.

이 국가행동계획에 따라 프랑스는 사회적 배제 문제에 대한 기존 사회보장제도의 취약성에 유의하여 장기실업자의 사회적 배제 문제 해결에 집중해 최소 사회수당(minimum social allowance) 지급과 도시주거 개선 5개년 계획을 입안하였다. 영국은 1990년대 후반부터 이 문제에 관심을 기울여 1997년 노동당 정부에 설치된 사회적 배제기획단(SEU : Social

Exclusion Unit)은 주로 노동시장에서의 배제 현상에 관심을 가져 노동시장의 활성화 덕택에 호황을 맞이했으나 소득불평등과 상대빈곤율, 소외집단(장애인, 편부모, 소수인종, 장기실업자, 노인, 저학력자 등) 문제가 잔존하고 있다. 이탈리아의 경우 낙후된 남부지역에서의 사회문제에도 불구하고 국가개입보다 가족연대로 극복하려는 데서 한계를 드러내고 있고, 포르투갈과 그리스 등 여타 지중해 연안 국가에서는 높은 빈곤율, 비실업적 요인의 상존으로 어려움을 겪고 있다. 스웨덴에서는 빈곤이나 특정 인구집단에 국한한 사회적 배제보다 청년실업과 이민자 등의 주변화(marginalization)에 관심을 가지고 있다(심창학, 2003).

런던정치경제대학교(LSE : London School of Economics)의 사회적 배제 분석센터(Centre for Analysis of Social Exclusion)의 르 그랑(Le Grand)은 첫째, 지리적으로 특정 사회 내에 거주하고, 둘째, 자신이 통제할 수 없어서 그 사회 내에서 정상적인 사회활동에 참여할 수가 없으며, 셋째, 참여하기를 희망한다는 세 가지 조건을 충족했을 때 비로소 사회적 배제가 성립한다고 말한 바 있다(문진영, 2004). 사회적 배제는 아래 표와 같이 동태적 과정으로서 그 결과는 박탈이고, 소득 측면에서 보면 궁핍화를 거쳐 빈곤에 이르는 과정이라고 정의할 수도 있다(Room, 1995).

〈표 4-1〉 사회적 배제의 과정과 결과

	과정(dynamic process)	결과(static outcome)
소득 차원(income)	궁핍화(impoverishment)	빈곤(poverty)
여타 차원(multidimensional)	사회적 배제(social exclusion)	박탈(deprivation)

사회적 배제를 주류집단에 의한 비주류집단의 체계적 차별로 정의

한다면 그 대상은 소외계층이라고 할 수 있다. 소외계층도 빈곤층과 노인, 장애인 등 전통적 소외계층과 외국인과 장기실업자 등 새로운 소외계층으로 구분할 수 있는데, 본래 1960년대 사회적 배제가 사회문제화될 때만 해도 주로 빈곤층과 노인 등 전통적 취약계층에 국한된 문제였다. 실제로 초기의 많은 문헌들은 사회적 배제 현상을 빈곤문제와 동일시할 정도였다. 그러나 세계화 추세로 인해 외국인 근로자가 대대적으로 유입되고, 이로 인한 청년실업과 (초)장기실업, 비정규직 고용형태의 일상화 등으로 외국인 등 소수자와 실업자에 대한 인권적 관점(human right)의 사회적 배제가 화두가 되고 있다. 특히 우리나라에서는 외국인 노동자와 다문화 가족, 북한이탈주민, 귀국교포 등 외래인에 대한 사회적 배제 현상이 두드러지고 있는 실정이다.

2. 사회적 배제의 관계적 개념

사회적 배제의 상반적 개념으로는 사회적 결속과 사회통합, 사회적 포용을 들 수 있다. 먼저 사회적 결속(social cohesion)은 본래 그 원인과 사회적 연대(social solidarity)의 원인을 찾으려는 뒤르께임에 의해 체계화되었다고 할 수 있다(Ritzen, 2001). OECD는 사회적 결속을 가치의 공유와 공동체에 대한 헌신으로 정의하면서 그 5대 영역으로 소속감과 사회적 포용, 참여, 상호 인정 및 합리성을 들었다(OECD, 2001). 또한 젠슨은 사회구성원 사이의 상호 의존성과 가치의 공유 및 연대성으로 정의하면서 격리(isolation)가 아닌 소속(belonging), 배제(exclusion)가 아닌 포용(inclusion), 무관심(non-involvement)이 아닌 참여(participation), 거절(rejection)이 아닌 인정(recognition), 위법(illegitimacy) 아닌 합법(legitimacy)의 성격을 갖는다고 그 성격을 정리한 바 있다(Jenson, 1998).

오코너는 유대(ties)로 요약되는 가치와 정체성 및 문화, 차이(difference)와 구분(division), 불평등(inequality), 불공정(inequity), 다양성(diversity)을 포괄하는 것, 사회적 '아교'(glue)로 요약되는 연합(association)과 네트워크 등으로 요약하였다(O'Connor, 1998). 울리는 사회적 결속의 명제로서 사회적 배제의 부재, 사회자본에 기초한 상호작용과 결합(connection), 집단정체성에 기초한 해석의 공동체(community of interpretation) 및 가치의 공유로 정리하였다(Woolley, 1998).

백 등은 사회적 질(social quality)의 4분면(quadrant)으로 시야와 소속단위별로 구분된 네 가지 속성을 제시한 바 있는데, 그것은 권한 비부여(disempowerment)가 아닌 부여(empowerment)와 아노미가 아닌 사회적 결속, 사회적 배제가 아닌 사회적 포용 및 사회경제적 불안정이 아닌 보장(security)이다(Beck & others, 1998). 이러한 백 등의 논의를 구체화하여 버만과 필립스는 사회적 포용의 네 가지 차원을 세분화하였다(Berman & Phillips, 2000 ; 강신욱, 2005).

〈표 4-2〉 사회적 배제의 대조적 개념들

	미시 차원	거시 차원
공동체 차원	권한부여	사회적 결속
조직 차원	사회적 포용	사회경제적 보장

사회적 통합(social integration)이란 구성적 요소들이 상호 결합하여 독자적인 실재와 질서를 갖는 하나의 완결된 전체를 형성하는 것이라고

〈표 4-3〉 사회적 포용의 측면과 속성

측면	속성	
사회경제적 보장(↔비보장)	물질적 보장 고용보장	주거보장 건강보장
사회적 포용(↔배제)	사회안전망으로의 포용 노동시장으로의 포용 주택시장으로의 포용 보건 서비스로의 포용	교육 서비스로의 포용 정치적 포용 공공 서비스로의 포용 사회적 지위로의 포용
사회적 결속(↔아노미)	경제적 결속 사회적 지위의 결속	정치적 결속 정치적 안전 이타적 행동
권한부여(↔비부여)	사회문화적 권력화 정치적 권력화	경제적 권력화 사회심리적 권력화

정의할 수 있다(배손근, 1998). 그러나 벡은 통합이 사회적 포용의 형태일 수도 있지만 사회적 배제의 형태일 수도 있음을 지적한다. 곧 사회통합에는 타자성을 인정하는 포용적 통합도 있지만 인종과 민족 등 배타적 기준에 기초한 배제적 통합도 존재한다는 것이다(김형찬, 2002). 다양성에 기초한 공존을 의미하는 포용과 달리 전통적 통합은 정치와 종교가 구심점 역할을 한다(매일경제신문사, 2006). 한국 사회에서 사회적 배제를 받고 있는 대상은 다음의 〈표 4-4〉와 같다.

사회적 배제의 해결방안으로 제시된 것이 사회적 포용이다(Verma, 2002). 사회적 배제와 사회적 포용 사이의 관계는 다음의 〈표 4-5〉와 같이 정리될 수 있다.

기준	구분	특징
전통적인 사회경제적 배제 계층	저소득층	국민기초생활보장법상 자활대상자
	저학력(학업중단) 청소년	교육제도에 의한 재통합 불가
	저학력 노동자	저숙련, 저임금으로서 실업과 취업 반복
	여성취업자	전통적·가부장적 문화에 의한 차별
노동시장 배제 계층	장기실업자	구직실패의 낙인효과로 빈곤전락 위험
	비정규 근로자	노동보호정책 시급
특수 취약 계층	학령기 장애인	특수교육기회 부족
	성인 장애인	자활을 위한 직업능력 개발 및 고용기회 부족
	수용자	전과기록으로 특별배려 필요
한시적 취약 계층	북한이탈주민	합법적 난민의 지위
	외국인 근로자	불법체류시 특히 문제

제4장

〈표 4-5〉 사회적 배제와 포용과의 관계

사회적 배제	사회적 포용
정치적 권리 부정	완전한 정치적 참여
노동시장에서의 차별	노동시장에서의 동등한 기회
신분에 따른 사회적 혜택 차별	사회적 혜택과 권리의 공유
민족·문화 간 사회적 상호작용 방해	민족·문화 간 사회적 상호작용 강화
계층, 성인, 인종 민족에 의한 차별	계층, 성인, 인종 민족에 의한 차별 철폐
교육의 공급 부족	교육에 대한 동등한 기회 제공

3. 사회적 배제의 접근방법

사회적 배제를 바라보는 시각은 여러 가지 관점에서 구분할 수 있다. 우선 영·미 계통의 (사회적) 분화 패러다임을 견지하는 (신)자유주의적 시각과 프랑스 계통의 사회적 연대 패러다임을 견지하는 공화주의적 시각, 신베버주의자들의 독점 패러다임을 견지하는 사회민주주의적 시각 및 맑스주의자들의 급진적 시각 등 네 가지로 구분할 수 있다(국가인권위, 2004). 또 달리 연대 패러다임(solidarity paradigm), 개별화 패러다임(specialization paradigm), 독점 패러다임(monopoly paradigm) 및 신유기적 패러다임(neo-organic paradigm)으로 구분하기도 한다.

실버에 의하면 사회적 배제의 세 가지 패러다임은 〈표 4-6〉과 같이 정리될 수 있는 연대 (결여) 패러다임과 (잘못된) 분화 패러다임 및 (가치) 독점 패러다임 등이다(Silver, 1994).

4. 사회적 배제의 유형

포강은 종래 빈곤의 개념을 토대로 하여 다음의 〈표 4-7〉과 같이 사회적 배제를 통합적 배제와 한계적 배제 및 자격박탈적 배제 등 세 가지로 유형화하고 있다(Paugam, 1998).

<표 4-6> 사회적 배제의 패러다임 유형

	연대 (결여) 패러다임	(잘못된) 분화 패러다임	(가치) 독점 패러다임
통합의 개념	집단적 연대 · 문화경계	분화된 영역의 상호 의존	독점 · 고립의 해체
통합수단	도덕적 통합	교환	시민권
이데올로기	공화주의	자유주의	사회민주주의
담론	배제	차별 (하층계급)	신빈곤/불평등/하층계급
기본 사상가	루소, 뒤르께임	로크, 공리주의	맑스, 베버
대표적 이론가	푸꼬	다원주의/시카고 학파	
이념	유연화된 생산	사회자본, 네트워크, 노동동기 약화	노동시장 분절

제4장

<표 4-7> 사회적 배제의 유형화

	통합적 배제	한계적 배제	자격박탈적 배제
집단적 표출	광범한 집단 공유	약화일로	집단적 위험인식
피해자 정체성	확대된 사회집단, 약한 수치심	불가피한 현상, 강한 수치심	내부적으로 이질적이나 확대일로
사회적 논쟁	전통적 빈곤과 동일시	정상적 유지에 관심	구조적 요인과 연대관점 중시
고용시장	저발전, 실업은폐	완전고용, 실업감소	실업문제, 고용불안, 재취업 애로
사회적 연계	가족연대 강조	가족연대 감소	사회적 연계 미약
사회보호체계	최저보장 등의 미약	보편적 사회보호, 최저보장제 구비	최저보장대상 급증, 빈민지원 증가
해당지역, 시기	지중해 연안 국가	독일, 스칸디나비아, 프랑스 60, 70년대	최근 영국과 프랑스

II. 사회적 배제의 지표와 측정

1. 사회적 배제 일반의 지표화

맨 먼저 로빈슨과 오펜하임(Robinson & Oppenheim, 1998)은 영국 노동당 정부 부총리실 직속기관으로 설치된 사회적 배제 극복 기획단(SEU : Social Exclusion Unit)이 제시한 사회적 배제의 4개 영역별로 아래와 같이 사회적 배제의 지표를 개발하였다.

〈표 4-8〉 사회적 배제의 지표화 1-로빈슨과 오펜하임

영역	지표
1. 소득	1.1 빈곤(평균소득 50% 이하 가구) 추이 1.2 10분위(dicile group) 소득점유 추이 1.3 인종집단별 5분위 소득점유 추이 1.4 소득지원(공공부조) 수혜기간
2. 실업	2.1 장기(2년 이상) 실직률 2.2 실업, 비고용, 비근로 가구 추이 2.3 비근로 가구의 인적 구성 및 비율
3. 교육	3.1 GCSE 추이 3.2 성별·인종별 GCSE 평점별 취득비율 3.3 16세의 주요 소속별·GCSE 평점별 취득비율 3.4 근로연령대의 최고교육자격 취득률 추이
4. 건강	4.1 사망률 4.2 신생아 평균체중 및 저체중 신생아 비율

소비행위(consumption activity)와 저축(saving) 행위, 생산(production) 행위, 정치적(political) 행위, 사회적(social) 행위 등 5개 차원에서 사회적 배제의 지표를 개발한 경우도 있다(Burchardt & others, 1999). 버차트 등의 지표는 〈표 4-9〉와 같다.

〈표 4-9〉 사회적 배제의 지표화 2-버차트 등

차원	배제형태	지표
소비행위	저소득	전체 가구 평균소득의 50% 이하
저축행위	저재산	무주택자, 사회보험 제외자, 평균 이하의 저축자
생산행위	결여	취업, 자영업, 전업주부, 연금수혜자, 전업학생 이외
정치적 행위	비참여	중요 선거 미참여자 및 정치조직 비회원
사회적 행위	고립	사회적 지원의 결여자

브래드쇼 등(Bradshaw & others, 2000 ; 문진영, 2004 재인용)이 제시한 사회적 배제의 지표는 〈표 4-10〉과 같다.

〈표 4-10〉 사회적 배제의 지표화 3-브래드쇼 등

배제영역	세부영역	지표
수입	수입미달	중위소득 60% 이하
	필수품 결여	통념적 필수품의 2-3품목 결여
	주관적 빈곤	설문조사 결과
노동시장	실직	실업률
공공 서비스	서비스 배제	전기, 수도 등 공공 서비스 배제
		금융 서비스 등 배제

	비참여	2-3개 활동 배제
	소외	일상에서 가족, 친구 만나지 못함
	지원결여	가사지원 배제
사회적 관계	이탈 1 (disengagement)	모든 행위에의 비참여
	이탈 2	선거 이외 모든 행위 비참여
	봉쇄 1 (confinement)	여건상 사회활동 불가능
	봉쇄 2	일몰 후 산책 불가능

2000년 리스본 유럽정상회의(European Summit)와 니스 유럽이사회 (European Council) 및 유럽집행위원회(European Commission)는 유럽 내 사회적 배제 극복을 위해 유럽 사회적 보호위원회(European Social Protection Committee, 2001 ; European Commission, 2004)로 하여금 18개 항목으로 구성된 사회적 배제 및 빈곤의 지표(Common Indicators of Social Exclusion and Poverty)를 개발하게 하여 2001년 스톡홀름 정상회담에 제출하였다(Bardone & Stanton, 2003).

이러한 사회적 배제의 지표개발 사례를 토대로 하여 한국에서 적용될 수 있는 사회적 지표를 개발하려는 노력도 있어왔는데, 강신욱 등은 다음의 〈표 4-12〉와 같이 정리하였다(김안나, 2007 ; 강신욱 외, 2005).

2. 외래인에 대한 사회적 배제 지표의 개발

국내 외래인에 대한 사회적 배제의 개념화 시도는 많지 않다. 그러나 100만을 넘어선 외국인 노동자에 대한 최근 연구에서는 사회적 배제

〈표 4-11〉 사회적 배제의 지표화 4 - 유럽연합

구분	영역	지표		측정
1차적 (primary) 지표	1.1 소득	1.1.1 빈곤율	연령 · 성별	중위소득 60% 이하 비율
			경제활동상태별	
			가구유형별	
			주거형태별	
			구매력별	
		1.1.2 소득분포		소득배율(1분위 소득과 5분위 소득 배율)
		1.1.3 빈곤지속성		최근 3년간 2년 이상 빈곤위험집단에 속한 비율
		1.1.4 상대적 빈곤격차		빈곤선 대비 빈곤층 중위소득 비율
	1.2 지역결속	1.2.1 NUTS* 2 수준 고용률		고용률 변동계수
	1.3 실직	1.3.1 장기실직		경제활동 인구 중 12개월 이상 장기실직자 비율
		1.3.2 무직가구원 수		전체인구 중 무직가구의 가구원 비율
	1.4 교육	1.4.1 조기교육기회 상실		18~24세 중 ISCED# 제2수준 이하 교육수준 비율
	1.5 수명	1.5.1 평균 기대수명		평균 기대수명
	1.6 건강	1.6.1 소득수준별 자각 건강상태		WHO 기준으로 건강이 나쁘다고 응답한 16세 이상 인구 중 소득 5분위/1분위 인구비율
2차적 (secondary) 지표	2.1 빈곤	2.1.1 빈곤분포		중위소득 60% 이하의 분포 (dispersion)
		2.1.2 빈곤율 변화		3년 전 빈곤선을 기준으로 그 이하 가처분소득자 비율
		2.1.3 소득재분배 이전 빈곤율		현금급여 제외 소득기준 중위소득 60% 이하 소득자 비율

제4장

2차적 (secondary) 지표	2.1 빈곤	2.1.4 지속빈곤율	최근 3년간 2년 이상 중위소득 50% 이하의 소득자 비율
	2.2 소득분배	2.2.1 지니계수	로렌쯔 곡선에 의한 소득불평등도
	2.3 실직	2.3.1 장기 실직자 비율	전체 실직자 중 12개월 이상 실직자 비율
		2.3.2 초장기 실직자 비율	전체 경제활동 인구 중 24개월 이상 실직자 비율
	2.4 교육	2.4.1 저학력 비율	연령집단별로 ISCED 제2수준 이하 인구비율

* NUTS(Nomenclature of Territorial Units for Statistics) : 유럽연합의 지역통계 생산을 위해 전 유럽을 면적과 인구에 따라 3가지 수준별로 나눈 유럽통계사무소(Eurostat)의 단위구역.

\# ISCED(International Standard Classification Education) : OECD가 개발한 국가 간 비교를 위한 표준화된 교육수준 지표.

의 지표화를 꾀하기도 한다(선남이, 2007). 생각건대 외국인 노동자에 대한 사회적 배제는 영역과 영역별 지표로 구분할 수 있는데, 이를 표로 나타내면 다음의 〈표 4-13〉과 같다.

이러한 사회적 배제 현상을 가져오는 원인에 대한 지표도 영역별로 구분할 수 있는데, 그 개요는 〈표 4-14〉와 같다.

북한이탈주민을 사회적 소수자로 보아 사회적 배제의 지표로 개발한 예도 있는데, 그 개요는 〈표 4-15〉와 같다(류지웅, 2006 ; 윤인진 이진복, 2006).

이러한 사회적 배제 현상을 가져오는 원인에 대한 지표도 영역별로 구분할 수 있는데, 그 개요는 〈표 4-16〉과 같다.

귀국교포에 대한 사회적 배제의 논의와 달리 그 구체적 지표개발 노력은 거의 없다.

<표 4-12> 한국적 사회적 배제 지표 개발의 예

구분		지표	
경제	경제	- 빈곤율 추이 - 노인빈곤율 - 아동빈곤율 - 가구특성별 빈곤율 - 종사지위별 빈곤율	- 교육수준별 빈곤율 - 주거상태별 빈곤율 - 소득분배 - 공적이전 전후 빈곤율 - 지니계수
	실업	- 실업률 - 경제활동인구 중 장기실업률 - 실업자 중 장기실업률	- 경제활동인구 중 초장기실업률 - 실직가구의 가구원 수 - 고용률 - 청년실업률
	근로	- 근로빈곤가구율 - 빈곤지속기간 - 상대적 저소득 격차	- 성별 임금격차 - 저임근로자 조세부담율 - 산업재해율
교육		- 조기 교육훈련탈락자 비율 - 연령구간별 중등학력자 비율 - 계층별 사교육비 비중	- 평생학습자 비율 - 무단결석 학생 수 - 소득수준별 학습성취도
건강		- 출생시 기대수명 - 정부지원 급식아동 비율 - 소득수준별 주관적 건강상태 5분위 배율	- 지역간 의료이용 형평율 - 계층간 의료이용 형평율
주거		- 최저주거기준 미달가구 - 전기 · 상하수도 미공급 가구 - 단칸방 거주가구 - 1인당 주거면적	- 공공주택임대료 연체가구수 - 전세자금 연체율 - 강제철거 주택 수 - 취약환경 거주자수
사회적 참여	사회적 관계망	- 노인단독가구 비율 - 소년소녀가정 비율 - 편부모 가구비율	- 연령별 자살률 - 가족생활 만족도 - 사회적 연결망 정도
	사회적 참여	- 성 · 연령 · 소득별 인터넷 이용률 - 대중교통 접근용이도 - 공원 접근용이도	- 사회단체 참여도 - 자원봉사 참여율 - 지역문화행사 참여율 - 지역별 범죄율

〈표 4-13〉 외국인에 대한 사회적 배제(현상) 지표

영역	지표
기본 의식주	1. 일정기간 내 결식 여부 2. 음식의 질(과일 섭취가능성 여부) 3. 의복의 질(계절별 적절한 의복구비 여부) 4. 주거의 질 1(퇴근 이후 적절한 주거구비 여부) 5. 주거의 질 2(냉난방시설 구비 여부)
건강	1. 현 건강상 문제 여부 2. 의료시설 이용가능성 여부 3. 휴식 정도(일과후 충분한 휴식 여부) 4. 신체활동 여부(규칙적 운동, 등산 등)
직장(근로)	1. 급여의 적시성 여부(제때 급여수령 여부) 2. 직장에서의 휴식가능성 여부 3. 근무시간 외 직장동료와의 개인적 만남 여부 4. 원하지 않는 잔업 여부 5. 직장 내 폭행, 구타, 모욕당한 경험 여부
심리상태	1. 현재생활 만족 여부 2. 미래희망 여부 3. 자아정체성 여부 4. 우울증 증세 여부 5. 격노경험 여부

〈표 4-14〉 외국인에 대한 사회적 배제(원인) 지표

영역	지표
사회인구학적 특성	1. 성별 2. 국적 3. 연령 4. 학력 5. 한국어 수준 6. 동거형태
사회경제적 특성	1. 체류신분 2. 체류기간 3. 종사직종
사회적 관계망	1. 한국인 지인의 수 2. 외국인 지인의 수 3. 본인 지원단체 수 4. 본인 지원단체 참가율

<표 4-15> 북한이탈주민에 대한 사회적 배제(현상) 지표

영역	지표
노동시장	실업의 일상화, 고용의 불안정성, 일터에서의 배제
경제생활	경제적 주변화, 빈곤화, 하류계층화
사회관계	호칭, 편견과 고정관념
주거공간	지역 간 격리(사회적 낙인), 지역적 분포, 공간형태, 지역 내 격리
교육공간(청소년)	취학의 장, 학습활동, 교우관계, 의사소통, 사회적 일탈

<표 4-16> 북한이탈주민의 사회적 배제요인(소수자적 요인)

영역	지표
내적 요인	사회자본의 부재-사회적 연결망의 부재, 제도화 문화자본의 비효용성
외적 요인	반북 · 반공 이데올로기, 사회적 낙인-'배신자'와 빈곤

제**3**부

외래인의 맥락으로서의
세계화

제5장
세계화의 개념과 의의

I. 세계화의 개념

범세계적 세계화 경향에 따라 세계화(globalization)와 관련하여 세계체제와 세계적 체제, 국제체제 등 많은 용어들이 서로 혼용되고 있다. 그러나 월러스틴의 말대로 혼동적으로 쓰이는 세계적 체제(global system)란 말과 세계체제(world system) 및 국제체제(international system) 등은 서로 상이한 개념들이다. 호프만에 의하면 여러 체계 가운데 가장 긴밀한 체제인 세계체제(world system)는 세 개의 수준에서 전개되는 복잡한 게임이다. 제1의 수준은 국가 등 행위자에게 독자적 보상과 제재 및 기회와 제약을 가할 수 있는 세계경제(world economy) 수준이고, 국가(the state) 자체는 제2의 수준이다. 세계시장의 불평등성과 비효율성, 국경의 불합리성, 정부 자체의 성격에 대해 불만을 가진 국민(people)은 제3의 수준인데, 세계체제는 그러한 세 가지 수준에서 전개되는 복잡한 게임인 것이다

(Hoffman, 1991 : 196). 오우가드(Ougaard)는 세계체제와 (국내적) 사회구성체(social formation)와의 관련성을 강조한 바 있지만, 월러스틴은 그러한 개념적 관련성은 강조하면서도 세계체제의 기초를 자본주의 세계경제(capitalist world economy) 안에다 두고 있다(Sorensen, 1991 : 85~116).

세계화(globalization)란 한 마디로 말하면 매스컴과 무역, 자본의 흐름 등으로 인한 상호 의존성과 기술적 변화(transformation) 과정, 생산과 소비유형의 동질화(homogenization) 및 표준화 과정, 무역과 투자 및 여타 교역 등의 세계시장 지향 과정, 시장의 공간적·제도적 통합 과정, 국경을 초월한 경제적 규제와 제도 및 정책 등의 일체성 또는 유사성의 증가 과정으로 요약할 수 있다(Simai, 1994 : 233). 세계화에 대한 매우 다양한 관점을 정리해 보면 대략 네 가지 기본적 시각으로 정리할 수 있다(Beyer, 2003 : 156). 곧 월러스틴의 경제적 시각과 메이어의 정치적 시각, 로버슨의 문화적 시각 및 루만의 커뮤니케이션 시각으로 대별할 수 있다.

1. 세계화의 경제중심적 이해 – 월러스틴의 견해

일찍이 헤겔과 맑스-엥겔스는 지식의 형태에 의해 시대를 예술(art) 단계와 종교 단계, 철학 단계 등 3단계로 나눈 바 있고, 루만은 분화(differentiation)의 형태에 의해 시대를 구분한 바 있다. 월러스틴(Immanuel Wallerstein)은 이러한 시대분류법을 본받아 3단계로 나누었는데, 곧 소체제(mini-system)와 세계제국(world empire) 및 세계경제(world-economy) 단계가 그것이다(Beyer, 2003 : 157).

현대의 세계경제 단계는 소체제 단계와 세계제국 단계 모두를 포괄하고 있다. 세계경제 단계에도 원초적 농업사회의 단일한 노동분화로 특징지어지는 과거의 소체제 단계의 성격을 포함하고 있다. 또한 다양한 문화를 가졌지만 단일의 정치체제와 단일의 노동분업을 특징으로 한 과거 중국과 이집트 및 로마제국에 해당하는 과거의 세계제국 단계의 속성도 갖고 있다. 이로써 세계경제는 단일의 노동분화(single division of labor) 아래 다양한 문화 및 정치체제를 포괄하게 된 것이다. 다양한 정치체제와 다양한 문화를 하나의 노동분화로 묶는 끈은 곧 경제(economy)라고 주장한 맑스의 경제중심적 시각을 따라 월러스틴은 무역시장과 상품화(commodification)에 기초한 자본주의 세계경제(capitalist world economy)가 그 끈이라고 하고 있다. 이제 자본주의 세계경제는 정치와 문화 등 다양한 사회적 국면을 규정짓는 사회적 맥락이 되었다는 것이다.

월러스틴은 자신의 주장을 뒷받침하기 위한 풍부한 실증적 자료로써 세계화의 단초를 보이기 시작한 15세기 이후의 유럽 역사를 살펴본다. 광범한 세계경제와 마찬가지로 유럽의 세계경제도 지리적으로 분화되었는데, 바로 중심부(core)와 주변부(periphery) 및 반주변부(semi-periphery)가 그것이다(Wallerstein, 1979 : 37-48). 주지하듯 이러한 구분은 국내의 계급구조(class structure)를 그대로 세계에다 적용시킨 것이다. 곧 세계화에 따라 국내의 지배계급(dominant class)은 세계경제 안에서 중심부, 피지배계급은 주변부, 역동적 중간(the dynamic middle)이라고 하는 완충(buffer)계급인 중간계급(middle class)은 반주변부가 된다. 이렇듯 월러스틴은 종래의 계급 개념을 세계경제의 구조적 사회단위의 기초로 활용하고 있다. 또한 민족국가(nation-state)의 중요성도 크게 인정하여 중심부(민족)국가는 강력한(strong) 국가이고, 주변부 국가는 약한(weak) 국가이며, 그 중간에 드는 반주변부 국가는 경우에 따라 다르다고 한다.

월러스틴은 (국내적) 자본주의 체제를 정당화시켜 주는 국내의 사상체계가 있는 것과 마찬가지로 세계경제의 정당화를 담당하는 문화영역에 이른바 사상체계(idea-system)가 존재함을 강조한다(Wallerstein, 1990 : 38). 그러한 사상체계는 국내에서와 마찬가지로 보편주의(universalism-egalitarianism)를 강조하는 것과 특수주의(particularism-inegalitarianism)를 강조하는 것으로 대별할 수 있다. 예컨대 민족주의와 평등주의는 전자에 속하고, 인종주의(racism)와 여성주의(sexism) 및 종교 등은 후자에 속한다. 아울러 월러스틴은 맑스와 마찬가지로 세계체제의 중심은 경제(economy)라고 주장하고, 중상주의가 네덜란드에서 시작하여 영국을 거쳐 미국에 이르는 단선적 과정(linear trend)을 밟고 있다고 주장한다.

2. 세계화의 정치중심적 이해-메이어의 견해

메이어(John W. Meyer)는 월러스틴의 기본적 논의틀을 받아들이면서도 세계체제에서의 경제의 주도성에 이의를 제기한다. 곧 정치(polity)와 문화의 중요성을 지적하고 경제에 대한 세계체제의 상대적 자율성(the relative autonomy of a world-system)에 대해 언급한다(Meyer, 1980). 메이어는 월러스틴의 논의에다 많은 계량적 자료를 보완함과 아울러 세계경제(world-economy)라는 월러스틴의 개념에 대조되는 개념으로서 세계정치체제(world-polity) 개념을 도입했다. 메이어에 의하면 사회적 가치의 창조(social value creation)는 상품화(commodification)라는 경제적 과정만에 의한 것이 아니라 집단적 권위(collective authority)라는 정치적 과정에 의해서도 가능하다는 것이다. 이러한 정치적 과정에는 복지와 사회보장, 교육, 문화 등 다양한 사회적 서비스 요소들까지 포함된다.

상품경제를 의미하는 경제(economy)에 대해 독립적인 정치(polity)도 독자적인 가치창조(value creation)를 통해 세계의 다양한 국가들을 강력하고도 집권화된 단일의(uniform) 국가형태로 유도하고 있다고 한다. 이를 위해서는 정치적 가치가 중요한데, 그러한 대표적인 정치적 가치로는 진보(progress)와 평등(equality)을 들 수 있다. 주변부 국가들은 대개 맹목적 시장중심적인 사회주의화 경향을 보이면서 중심부 중심의 세계질서에 반발하는 경향이 있다고 한다. 또한 공교육 체제의 강화가 정치적 가치창조에 크게 기여하고 있음을 강조한다.

3. 세계화의 문화중심적 이해-로버슨의 견해

로버슨(Roland Robertson)은 개인과 사회와의 관계에 있어 사회학자 퇴니스(Toennies)의 공동사회(Gemeinschaft ; community)와 이익사회(Gesellschaft ; society) 이분법을 원용하면서 근대 이전에서 근대로의 이행은 공동사회에서 이익사회로의 이행으로 본다. 근대화가 내생적(endogenous)인 것과 마찬가지로 세계화도 공동사회와 이익사회 사이의 갈등의 반복이라는 것이다.

세계화는 사회내적(intra-societal) 문제에다 사회 간(inter-societal) 문제를 부가한다고 한다(Robertson, 1992). 세계화란 (민족)사회와 개인이 인간성(humanity)이라는 시각에서 상대화(relativization)되는 것으로, 모든 것을 세계 사회체제(world-system-of-societies)와 인류(humankind)로만 구분하는 이원주의(dualism) 등 모든 사회-개인 이원주의를 상대화시키는 단일의(single) 사회적 세계(social world)라 한다(Robertson, 1989a : 8). 세계화에 있어 진보 등 보편적인 정치적 가치의 중요성을 강조한 메이어와 달리, 로버슨은 상충하는 다양한 가치들이 세계적인 인간적 관심사로 결정화(crystallization)되는 과정에서 국가단위의 정체성과 세계단위의 보편적 가치가 조화되는 이른바 '보편주의의 국지화'(particularization of universalism)와 '국지주의의 보편화'(universalization of particularism) 과정을 중시하고 있다(Robertson, 1989a : 9).

　　로버슨은 세계화란 곧 두 가지 긴장관계(tension)라고 하는데, 그 첫째는 개인과 사회 사이의 긴장관계 및 세계체제와 인류(humankind) 사이의 긴장관계이다. 둘째의 긴장관계는 각각 두 가지 형태를 갖는 공동사회 안의 긴장관계와 이익사회 안의 긴장이다. 로버슨은 세계적 공동사회(global Gemeinschaft)를 두가지로 나누어 반세계화적 세계관(anti-global global image)에 해당하는 첫 번째 공동사회와 조화로운 '세계마을'(global village)을 지향하는 두 번째 공동사회로 구분하고 두 공동사회 긴장관계를 두 번째 긴장관계로 명명한다. 또한 세계적 이익사회는 자유주의적 민족주의(liberal nationalism)에 해당하는 개방사회의 연합체(association of open societies)와 세계정부(world government) 등 치밀하고도 체계적인 세계기구(world organization)로 구분될 수 있는데, 이들 사이의 긴장도 두 번째 긴장관계라고 한다(Robertson, 1992 : 2f).

　　이러한 이상형(ideal-type)의 혼합형(hybrid) 가운데 한 가지는 '교회국가'(church-state)나 종교-정치갈등형(religio-political conflict) 국가, '근본주의'(fundamentalism), '세계신학'(world theology)과 같은 세계화에 대한 종교적 대응형태이다(Robertson, 1989b : 15). 이 국가중심적 사회에서는 사회수준과 사회 간(trans-societal) 수준에서 '신학과 종교의 정치화'

(politicization of theology and religion)와 '정치의 신학화'(theologization of po-litics)가 필요한 과정이라고 한다(Robertson & Chirico, 1985 : 238).

4. 세계화의 커뮤니케이션 중심적 이해-루만의 견해

루만(Niklas Luhmann)이 세계화에 대해 본격적으로 얘기한 바는 매우 적다. 다만 그 논의들이 시사하는 바가 클 뿐이다. 루만은 커뮤니케이션(communication)을 중시하는데, 이는 월러스틴이 경제적 거래(economic exchange)를 중시하고 메이어가 가치창조(value creation)를 중시하는 것과 유사하다. 그러나 루만은 월러스틴의 경제일원론(economic monism)이나 메이어의 정치일원론(political monism)과 같은 환원주의에 빠지지 않는다. 루만에게 커뮤니케이션, 특히 유의미(meaningful)한 그것은 세계체제를 포함한 일체의 사회를 형성시키는 요인이다.

루만에 의하면 세계화는 사회수준이나 사회체제의 이론수준에 있어 통합(integration)에서 분화(differentiation)로의 이행이자 영토에 기초한(territorial) 사회에서 세계적 사회로의 이행 또는 동질성(identity)에서 차별성(difference)으로의 이행이다(Luhmann, 1982 : 133). 이렇듯 루만도 스펜서나 뒤르께임, 파슨즈와 마찬가지로 분화의 시각에서 근대화와 세계화를 서로 같은 것으로 보고, 분화의 양적 증가뿐 아니라 질적 변화가 세계화를 가져온다고 본다. 곧 세계화는 성층화된(stratified) 분화로부터 기능적(functional) 분화로의 이행이라는 것이다(Luhmann, 1982 : 229f).

이상 네 가지 관점에 의한 세계화의 개념을 비교하면 다음의 〈표 5-1〉과 같다.

〈표 5-1〉 세계화에 대한 개념화의 비교

핵심 개념	대표자	요지
경제	월러스틴	세계체제의 핵심개념은 경제
정치	메이어	집단적 권위(정치)의 중요성
문화	로버슨	보편문화의 침투와 지역문화의 보편화가 중요
커뮤니케이션	루만	통합〈분화 ; 동질성〈차별성

II. 세계화에 따른 거버넌스와 시민권 개념의 변화

1. 거버넌스의 개념

거버넌스(governance)라는 용어는 최근에야 빈번히 쓰이기 시작했지만 따지고 보면 전혀 새로운 개념도 아니다. 클리블랜드에 의하면 거버넌스란 요컨대 목표를 달성하고자 집단적으로 해결할 필요가 있는 모든 문제에 대한 해답과 이해에 도달하기 위해 국내·외 행위자가 채택하는 복잡하고 다양한 방법들이라 할 수 있다(Cleveland, 1981). 국제기구인 IMF(International Monetary Fund)는 훌륭한 거버넌스란 책임성 있고, 참여적이며, 투명하고 불필요한 규제가 없으며 경쟁과 공평성의 원리가 지배하는 것이라 한 바 있다(IMF, 1995 : 219).

시메이에 의하면 세계적 수준의 거버넌스란 세계적 위기의 진전과 국제환경에서 발생하는 변화과정에 영향력을 행사하며, 이로써 위기를 회피하기 위한 국가의 집합적 능력이라 할 수 있다(Simai, 2003 : 64). 따라서 세계적 거버넌스(global governance)에서는 국내적 거버넌스와 달리 국제협력을 위한 다차원적 체계(multilateral system)를 조직화하고 유지하는 게 중요하다. 그러한 세계적 거버넌스 체계의 가장 대표적인 것이 바로 유엔(U.N. : United Nations)이다. 이미 유엔은 거버넌스와 관련하여 세계적 권력구조의 재편을 맞고 있다(Simai, 2003 : 65). 특히 가맹국의 폭증으로 과거와는 다른 불확실성과 동태성의 증가 등 다양한 측면의 변화를 맞고 있다. 또한 NATO와 같은 지역적 기구 안의 권력구조도 중요해지고 있으며, 과거와 달리 경제력과 군사력 사이의 불균형 현상도 나타나고 있다. 아울러 지역단위의 갈등과 내전, 국제테러의 위험도 높아지고 있다.

2. 세계적 거버넌스의 변모양상

세계적 거버넌스 현상 가운데 중요한 것은 기술과 경제, 재정, 무역과 문화 등의 공간적 분포 및 부문 간 응집도의 불균형성으로 요약되는 세계화의 과정이다. 곧 새로운 기술의 세계적 확산과 환경변화의 세계적 결과, 세계조직(global organizations)과 정부 간 협력체제 및 초국적기업의 발전에 따라 자본과 화폐시장이 개편되고 있는 것이다.

이러한 세계화 과정의 결과 통합(integration)과 해체(disintegration & fragmentation)라는 상반되는 경향이 나타나고 있다. 곧 세계화(globalization)가 전자이고, 파편화(fragmentation)가 후자이며, 지역화(regionalization)가 그 중간에 선다. 세계화라는 보편적 추세와 함께 특히 경제와 안보에 관한 협력의 필요성으로 유럽연합(EU) 및 NATO와 같은 지역주의(regiona-lism) 추세도 중요하다. 파편화는 다인종 국가(multi-ethnic state)의 해체 및 인종단위 국가의 국경 획정 등에서 분명히 나타난다. 세계화에 따른 세계 거버넌스의 지향은 〈그림 5-1〉로 정리될 수 있다.

〈그림 5-1〉 세계 거버넌스의 지향

⇐ 통합   해체 ⇒

세계화	지역화	파편화

　　세계화로 인해 종래 국가와 정부가 갖던 기능이 변화되고 있다. 초국적기업과 국제 비정부조직(international non-governmental organization) 등 국제적 행위자들이 국제관계에 큰 영향을 미치고 있다. 이리하여 국가는 이른바 위로부터의 누수현상(leakage from above)을 나타내고 있다. 곧 다국가조직(multinational organization), 국제기관, 협력체제(cooperation regime) 등이 종래 국가가 하던 일을 대신하고 있는 것이다. 국내적으로는 다양한 형태의 비정부조직(NGO : nongovernmental organization)들이 종래의 정부기능에 도전하고 있는데, 이를 국가의 아래로부터의 누수현상(leakage from below)이라 할 수 있다. 아래로부터의 누수현상은 파편화(fragmentation)로 나타나기도 하는데, 60억 이상의 인구에다 200개 이상의 국가, 수천 개에 이르는 민족이나 인종집단 등 복잡한 양상은 중앙정부의 권위에 대한 도전으로 작용하여 각종 집단과 기업 등 다양한 형태의 조직을 더욱 소규모화한다(Naisbitt, 1995 : 25).
　　양극 시대에서 다극 시대로 이행한 이후 국가의 수가 급격히 증가하고 특히 중소규모 국가가 많아진 국가의 파편화(fragmentation)로 세계

권력구조는 매우 복잡한 양상을 가지게 되었다. 또한 세계경제에서의 빈부격차는 더욱 커지고 있고, 증가한 국가의 수만큼 복잡해진 국익과 가치, 의도, 정치경제적 잠재력도 복잡한 양상을 가지고 있다. 21세기 주요 강대국은 미국과 일본, 러시아를 위시하여 독일과 중국 및 인도가 될 것으로 보인다. 지역단위의 강대국으로는 라틴아메리카의 브라질과 아르헨티나, 아프리카의 나이지리아, 아시아의 인도네시아와 파키스탄, 그리고 통일 이후의 한국 등을 들 수 있다. 지역적 블록화도 더욱 많아질 전망이다.

많아진 국가들 사이에는 평화적 관계도 형성되겠지만 분쟁의 요소도 무시할 수 없다. 전자의 예로는 국가 간 다차원적(multilateral) 협력과 세계적 거버넌스, 집단적 위기관리를 들 수 있다. 또한 후자의 예로는 일방주의(unilateralism)와 신고립주의(neo-isolationism), 신민족주의(neo-nationalism), 쌍방주의(bilateralism), 지역주의(regionalism) 등을 들 수 있다.

국가들 사이에는 다양한 정부 간 기구(intergovernmental organization : IGO)도 많아지고 있다. 1990년 현재 국가당 평균 가입 정부 간 기구는 대략 30개 정도이고, 미국은 약 200개, 가장 많이 가입한 프랑스는 그 가입기구가 약 270개에 이른다. 이렇게 본다면 종래 국가들은 정부 간 기구 등 국제기구 지향성(orientation of states toward IGOs)을 가지게 되었다고 할 수 있다. 그 방식과 정향에 따라 국제기구에의 가입형태를 보면 대략 세 가지가 있다. 그 첫째로는 국가체제 중심적(state-system centered)이며 국가안보 극대화(national security maximizer) 형태가 있다. 냉전 시대의 소련과 미국이 UN에 가입한 형태가 그 예이다. 두 번째 형태는 국가체제 중심적이라는 데에서는 첫 번째 형태와 같지만 상호 의존성과 공동안보지향적(interdependence and common security oriented)이라는 점이 다르다. 1980년대에 이르러 정부 간 기구의 운영비를 부담한 미국에서 그 예를 찾을 수 있다. 물론 미국은 전략적 중요성의 정도에 따라 그 분담률에 차등을 두고 있다. 세 번째 형태는 가장 바람직한 이상형으로서의 국가 초월적(supra-nationalist)인 국제적 구조주의자(international structuralist)이다.

세계화와 지역주의 및 파편화(fragmentation)의 동시적 출현으로 국내적(national) 거버넌스는 물론 세계적(global) 거버넌스도 변화를 겪고 있다. 또한 그러한 경향은 국제조직과 정부 간 협조체제, 초국적기업 등에도 큰 영향을 주고 있다. 물론 국내적 거버넌스란 국가의 기능인 조직화와 정책을 도와주는 공식적 법규와 그 제정 및 비공식적 규범 일체(entirety)를 말한다. 또한 세계적 거버넌스란 민족국가들과 다양한 국제 협력체제들 사이의 상호관계와 공존의 규범과 방법을 규정짓는, 상호 합의되고 다차원적으로 공식화된 정책 일체를 의미한다(Simai, 1994 : 32-33).

세계적 거버넌스는 안보여건의 큰 영향을 받고 있다. 미국은 경제력과 함께 군사력도 최강수준을 자랑하며 모든 다차원적 권력의 원천이다. 다만 UN 안보리 이사국인 러시아와 중국, 프랑스, 영국, 그리고 독일과 일본이 세계권력 계층제(global hierarchy of world power) 안에서 부분적으로 미국을 견제할 수 있을 뿐이다. 이러한 미국의 독주체제 아래 여전히 일부지역은 아직도 냉전 시대에 있으며, 국지전과 세계적 화염의 위험성은 곳곳에 있다. 물론 갈등예방과 평화모색 및 평화유지를 위한 다차원적 협조도 없지 않다. 구소련의 해체로 러시아와 중부유럽 및 동유럽도 미국과의 협조를 모색할 수밖에 없는 가운데 서부유럽이 유럽연합을 결성하고 NATO를 통해 부분적으로 미국의 거버넌스에 제약을 가하고 있다. 민족주의적 경향을 무시할 수 없는 일본은 UN 안보리 상임이

사국을 노리며 경제적 위상에 걸맞는 정치적 영향력 제고에 골몰하고 있다. 아시아에서는 중국과 인도의 위상이 강화될 것으로 보인다.

3. 세계화에 따른 시민권 개념의 변화

본래 시민권(citizenship)이란 영토 개념에 기초한 주권국가(territorial sovereign state)에서 개인에게 주어진 권리(entitled right)를 말한다(Falk, 2003 : 93). 곧 지리적 민족주의 개념으로서 인종이나 종교적 그것과는 대조된다. 본래 시민권은 국제적 무정부상태(international anarchy)와 국내적 정치공동체(political community)를 전제로 한다. 그러나 경제적 세계화는 국민과 국가 사이의 연대를 약화시키고 시민권을 비영토화(de-territorialization)시켰다.

세계화에 따른 전통적 시민권 개념의 약화는 국가역할의 변화와 문명적·종교적·인종적 일체성의 발전, 반동의 정치(backlash politics), 비서구적 관점의 발흥, 후기 영웅적 지정학 경향(trends toward post-heroic geopolitics), 초국가적 사회인력(transnational social forces)의 흥기 등 대략 여섯 지에서 비롯된다고 할 수 있다(Falk, 2003). 먼저 시민권 개념변화의 첫째 요인인 국가역할의 변화란 근대 국경 내 영토적(territorial) 민족주의에서 세계화에 따른 비영토적(nonterritorial) 성격으로의 변화와 특히 냉전 이후 거시경제 정책에 의한 무역의 증가와 자본의 이동성, 걸프 전쟁으로 확인된 바와 같이 공유된 국익에 따른 국가들의 공동행위 증가, 국가 간 정치적 차이의 감소 등의 경향을 말한다. 이러한 일련의 변화과정에 의해 종래 시민권 개념은 변모할 수밖에 없는 것이다.

시민권 개념 변화의 둘째 요인인 문명적 · 종교적 · 인종적 일체성의 발전이란 국가들 사이의 동질성으로서, 동일한 문명과 종교 및 공유된 인종적 특성에 대한 집착경향을 말한다. 헌팅턴이 『문명의 충돌』에서 언급한 바와 같이 동일한 종교를 갖는 정치공동체 사이의 유대감이 그 예이며, 반대쪽에 있는 인종분리주의(ethnic separatism)도 한 예이다. 이러한 경향 또한 종래의 시민권 개념을 변화시키고 있다. 세계화에 대한 반발로 특징지어지는 반동의 정치에는 우파 포퓰리즘(right-wing populism)의 부흥 등이 있다. 후기 영웅적 지정학 경향이란 영토확장에 모든 것을 희생한 고전적인 영웅적 지정학 시대를 벗어나고 있다는 뜻이다. 곧 영토적 확장이 큰 의미를 갖지 못하게 된 것이다. 초국가적 사회인력의 요인에는 세계적 환경문제와 인권, 여성, 원주민(indigenous people), 남반구의 경제의제(economic agenda) 등이 있다.

　　이제 시민권과 영주권(resident non-citizenship), 초국적(transnational) 시민권과 지역적(regional) 시민권 사이의 개념구분이 필요해지고 있다. 또 종래 공간(space)에 기초한 시민권 개념은 시간(time)에 기초한 개념으로 변화되고 있다.

　　일찍이 아롱(Raymond Aron)은 다국적 시민권(multinational citizenship)은 불가능하다고 강변한 바 있다(Aron, 1994 : 279). 그는 1789년 프랑스대혁명의 선언(Declaration)과 1948년 유엔의 보편선언(Universal Declaration)을 대조하였다. 그에 의하면 평등 조항과 민주적 원리 조항, 정치적 자유 조항, 자위권 조항에 있어서 유엔의 선언은 개별국가(member state)와 관련시켜 규정함으로써 프랑스대혁명에서는 볼 수 없었던 배타적 시민권 개념을 도입하고 있다. 아롱에 의하면 시민권은 권리와 의무를 동시에 부과한다는 분석적 이유와 시민권에 부과되는 국방의 의무 및 투표권은 역사적 소산이라는 역사적 이유로 인해 다국적 시민권이 개념적으로 절대 불가능하다고 결론을 내리고 있다(Aron, 1994 : 281). 아롱이 이러한 주장을 하던 1970년대에도 이미 유럽통합의 움직임이 있었음에도 불구하고 미국 시민이 미합중국(United States of America)이라는 일종의 다국적 시민권을 갖는 것과 달리 유럽인은 '유럽합중국'(United States of Europe) 시민권을 가질 수 없다고 말했다. 그에 의하면 보편적 인권(human rights)과 민족국가(nation-state)에 기초한 시민권(citizenship rights) 개념은 상이할 수밖에 없다. 그러한 그의 주장 이면에서는 당시 극히 미미했던 유럽통합의 움직임에 대한 반발과 전통적인 민족국가에 대한 강조(defense of nation-state)를 읽을 수 있다.

브루베이커(William R. Brubaker)는 상대적으로 너그러운 시민권 정책을 갖는 프랑스와 까다로운 조건을 갖는 독일을 대조한 바 있다(Brubaker, 1994 : 310). 당시 제2차 세계대전이 끝나면서 유럽으로 밀려든 이민자의 행렬은 종래 민족국가의 개념을 바꾸게 한 큰 사건이었다. 그 결과 프랑스는 속지주의를 적용하여 영토적(territorial)으로 시민권을 너그럽게 부여하는 팽창주의적(expansive)·동화주의(assimilationist) 경향을 보여주었다. 반면, 독일은 속인주의를 적용하여 문화적(ethnocultural)으로 시민권을 까다롭게 부여하는 제한주의(restrictive)적·분리주의(differentialist) 경향을 나타냈다.

브루베이커에 의하면 민족국가 단계에서의 시민권은 여섯 가지를 요건으로 한다. 그 첫째는 특정 소속 국가에 대한 완전한 가입(full membership)을 특징으로 하는 평등주의(egalitarianism)이고, 둘째는 국가에 대한 신성한 희생을 특징으로 하는 신성함(sacred)이다. 전통적 시민권은 언어와 도덕공동체인 민족의 구성원이어야 한다는 민족성(nation-membership)을 셋째 조건으로 한다. 시민권은 국가의 통치와 운영에 참여할 정당성이 부여된다는 점에서 민주적(democratic)이다. 또한 시민권은 한 국가에 전적으로 소속되는 반면 여타 국가에는 전혀 소속될 수 없다는 독자성(unique)을 갖는다. 마지막으로 시민권은 부가적인 사회적 수혜(socially consequential)를 부여한다. 그러나 제2차 세계대전 이후 범세계적 이민물결은 이러한 전통적 시민권 개념을 변화시키기에 충분했다. 그러한 변화는 시민권의 부여(admission to citizenship)에서 여실히 드러났고, 바로 거기서 프랑스적인 속지주의(nationhood) 경향과 독일적인 속인주의(politics) 경향으로 대별되었다.

이상 민족국가 단계에서의 시민권과 세계화 시대에서의 시민권과의 대조점은 〈표 5-2〉로 정리될 수 있다.

〈표 5-2〉 시민권 개념의 변화양상

민족국가에서의 시민권〈Brubaker〉	세계화 시대의 시민권〈Falk〉
국민적 평등주의	국가역할의 변화
국가의 신성함	문명적 · 종교적 · 인종적 일체성의 발전
민족성	반동의 정치
민주성	비서구적 관점의 발흥
독자(배타)성	후기 영웅적 지정학 경향
사회적 혜택	초국가적 사회인력의 흥기

하버마스(Jürgen Habermas)는 1990년대 초 시민권과 국가(민족)적 일체성과의 관계가 큰 전환점에 있음을 얘기한 바 있다(Habermas, 1994 : 341). 그 변화는 곧 민족국가의 미래 문제이고, 유럽통합과 관련되어 있을 뿐만 아니라, 장차 특히 중부유럽과 동부유럽으로부터의 엄청난 이민

행렬을 예고하기에 중요한 문제라는 것이었다. 이로써 유럽에서의 시민권 문제는 유럽통합이라는 보편주의적(universalistic) 원리와 개별 민족국가의 정체성이라는 개별주의적(particularistic) 원리를 동시에 제기하고 있는 것이다.

제2차 세계대전과 동유럽을 중심으로 한 국가사회주의의 붕괴(bankruptcy of state socialism)는 비록 수용소(asylum)에 갇히더라도 상대적으로 부유하고 평화로운 서유럽으로의 이민행렬을 유발했다. 그 결과 서유럽 국가들은 공동대응 방안까지 고려하게 되었고, 기본적으로 독일의 반폴란드적 민족주의 정서(nationalistic anti-Polish sentiment)로 대표되는 국수주의(chauvinism) 또는 우파의 외국배격주의(xenophobic reaction)가 주종을 이루기에 이르렀다.

그러나 보편주의가 확산되면서 독일의 기본법(basic law : Grundgesetz)이 대표하듯 모든 거주자에게 최소한 경제적 측면에서는 동일한 대우와 권리를 부여하게 되었다. 또한 유럽시민권(European Civil Rights)의 이름으로 유럽연합 개별 국가의 국경을 초월하는 초국가적(supranational) 권리까지도 부여되었다. 이리하여 민족국가에 기초한 배타적 시민권은 자유주의 이민정책의 결과 민주적 시민권(democratic citizenship)을 거쳐 세계 시민권(world citizenship)의 단계에 이르고 있다. 베트남 전쟁과 동유럽의 붕괴, 걸프 전쟁, 아프간 전쟁, 이라크 전쟁 등 일련의 사건들이 세계정치(world politics)의 장을 재현함으로써 그러한 세계 시민권을 촉진하고 있는 것이다.

세계화와 세계화 반대 운동의 추세

I. 세계화의 추세

1. 다자 간 무역협상체제

1944년 7월 미국의 브레튼 우즈(Bretton Woods)에서 미국 등 44개 국이 참여하여 국제통화 안전장치로서 국제통화기금(IMF : International Monetary Fund)을 결성하였다. 처음 회원국은 30개국이었지만 1979년 138개국을 거쳐 현재는 거의 모든 국가가 가입되어 있다. 1947년 관세 및 무역에 관한 일반협정(GATT : General Agreement on Tariffs and Trade)이 완전한 국제무역기구로 성립한다. 남북문제에 대응하여 UN 무역 및 개발회의(UNCTAD : UN Conference for Trade and Development)가 1962년 창설되어 1964년 첫 회의를 가졌다. 또한 개도국이 주축이 되어 신국제경제질서(NIEO : New International Economic Order)를 1974년 출범시켰다.

GATT가 가진 내외적 문제점을 해소하고자 1983년 경제정상회담에서 처음 제의되고 대부분의 국가가 동의하여 1986년 우루과이의 푼타 델 에스테(Punta del Este)에서 개최된 GATT 각료회의에서 정식으로 우루과이 라운드(UR : Uruguay Round)가 출범하였다. 세계무역기구(WTO : World Trade Organization)는 1994년 4월 125개국이 참가한 UR 각료회의에서 GATT의 대안으로 출범하였다.

2. 지역적 자유무역체제

1952년 유럽석탄철강공동체(ECSC : European Coal and Steel Community)에서 출발하여 1957년 로마 조약(Rome Treaty)에 의한 유럽경제공동체(EEC : European Economic Community)로의 발전, 1967년 유럽공동체(European Community)로의 확대를 거쳐 드디어 1993년 마스트리히트조약(Maastricht Treaty)에 따라 유럽연합(EU : European Union)이 등장하여 기존의 15개국 외에 동유럽 10개국을 받아들이면서 2002년 25개국을 갖추게 되었다.

북미자유무역협정(NAFTA : North America Free Trade Agreement)은 미국, 캐나다, 멕시코 3국이 관세와 무역장벽을 폐지하고 자유무역지대를 형성한 협정으로 1992년 12월 3국 정부가 조인하여 1994년 1월부터 발효되었다. OAS(Organization of American States)는 이 NAFTA를 늦어도 2005년까지 미주자유무역지대(FTAA : Free Trade Area of the Americas)로 발전시키기로 하였다.

아시아태평양경제협력기구(APEC : Asia-Pacific Economic Cooperation)

는 EU 및 NAFTA 등 지역주의에 대항하여 1989년 캔버라에서 12개국을 회원국으로 출범하여 현재에는 21개국을 포괄하고 있다. 1967년 성립한 동남아국가연합(ASEAN : Association of South-East Asian Nations)은 미국이 1954년 설립한 동남아조약기구(SEATO : Southeast Asia Treaty Organization)와 1961년 설립된 동남아연합(ASA : Association of South-east Asia)을 그 전신으로 하며, 1992년 아세안자유무역지역(AFTA : ASEAN Free Trade Area)으로 발전하여 베트남과 라오스, 미얀마, 캄보디아까지 포괄하는 10개 회원국으로 성장하였다.

아시아유럽정상회의(ASEM : Asia-Europe Meeting)는 개방적 지역협력과 지역적 통합을 지향하고자 제1차 회의를 1996년 3월 방콕에서 개최하면서 정식 출범하였다. 현재 회원국은 한국과 중국 및 일본을 위시한 ASEAN 7개국 등 아시아 10개국과 EU회원국 25개국 등 모두 35개국이다. 2년을 주기로 국가 원수나 정부 수반, EU 집행위원장이 모여 회의를 연다.

3. 국가의 경제수준별 세계화와 상호 협조체제

경제협력개발기구(OECD : Organization for Economic Cooperation and Development)는 1948년 서구 16개국을 회원으로 출범한 OEEC(Organization for European Economic Cooperation)를 모태로 하고 4개국을 더하여 1961년 설립되었다. 주로 선진공업국을 회원국으로 한 OECD와 달리 개발도상국을 지원하기 위한 국제금융 그룹이 형성되었다. 여기에는 국제부흥개발은행(IBRD : International Bank for Reconstruction and Development)과 국

제개발협회(IDA : International Development Association), 국제금융공사(IFC : International Finance Corporation), 국제투자보증기구(MIGA : Multilateral InvestmentGuarantee Agency) 국제투자분쟁해결본부(ICSID : International Center for Settlement of Investment Disputes) 등 다섯 개가 있다. IBRD는 IMF 가 출범한 브레튼 우즈 협정으로 1945년 출범하였다. IFC는 개도국의 민간부문 투융자를 지원하기 위해 1956년에 설치되었고, IDA는 IBRD 의 지원이 미치지 못하는 최빈개도국에 대해 무이자 재원을 공급하고자 1960년에 설치되었다. 개도국에 대한 민간투자 분쟁을 담당할 ICSID를 1966년 설치하였고, MIGA는 개도국에 대한 선진국의 투자를 지원하고 자 1988년 설립되었다.

세계적 개발금융기구와 별도로 지역단위에서도 금융기구가 설치 되었다. 먼저 아시아개발은행(ADB : Asian Development Bank)이 1966년 설 치되었고, 유럽부흥개발은행(EBRD : European Bank for Reconstruction and Development)은 주로 중부유럽과 동부유럽을 지원하고자 1991년 설치되 었다. 본래 국제결제은행(BIS : Bank for International Settlement)은 제1차 세 계대전에 대한 독일의 배상금 문제를 해결하고자 1930년에 설치되어 브 레튼 우즈 협정에서 해체하고자 하였지만 국제결제기구와 국제통화협 력기구, 각종 서비스 제공기구, 은행으로서 자기자본비율 규제 등 중요 한 기능을 담당하고 있다.

4. 민간단체에 의한 세계화

일명 다보스 포럼(Davos Forum)이라 불리는 세계경제 포럼(EWF :

World Economic Forum)이 있다. 본부는 스위스 제네바에 있고, 스위스 휴양도시인 다보스에서 매년 초 회의가 개최된다. 세계적인 저명기업인, 학자, 정치가, 저널리스트 등이 모여 범세계적 당면 경제과제에 대해 연구·논의하고 국제적 실천과제를 모색하는 국제 민간회의라고 할 수 있다. 1971년 하버드 대학 교수인 쉬왑(Klaus Schwab)이 처음 창설하여 당초 '유럽인 경영 심포지엄'으로 출발했으나 1973년부터 참석 대상을 전 세계로 넓히고 정치인으로까지 확대했다. 1981년부터 매년 1, 2월 다보스에 모여 회의하는 데서 다보스 포럼으로 불리우고 있다. 독립적인 비영리 민간재단 형태로 운영되고 있으며, 연례회의 외에도 지역별 회의와 산업별 회의를 운영하면서 WTO나 G7 회담 등에 막강한 영향력을 행사하고 있다.

　　세계경제 포럼에 대응하여 세계사회 포럼(WSF : World Social Forum)은 신자유주의적 경제정책과 세계화에 반대하여 2001년도 세계경제 포럼 개최 시기와 맞춰 브라질 포르투 알레그레(Portu Alegre)에서 처음 개최됐다. 개최 총회에는 세계 100여 개국의 500여 기구와 단체, 2만여 명이 참여하였으며, 그후 연례행사로 개최되어 2004년도에는 인도 뭄바이(Mumbai)에서 그 네 번째 포럼이 열렸다. '다른 세계는 가능하다'(Another World isPossible)라는 슬로건을 내걸고 대안 모색과 경험 교환, 사회운동, 노동조합, 비정부기구들의 협력을 강화하기 위한 자리를 마련하기 위한 목적이었으나 미국 시애틀과 멕시코 칸쿤(Cancun)에서 열린 WTO 각료회의 반대 운동 등을 거치면서 기존 세계화에 대안을 제시하는 반세계화운동의 상징이 되었으며, 세계적인 반전운동을 계기로 급성장했다.

　　지난 4년간 일국 차원에서의 사회포럼은 물론 대륙별 사회포럼

(regional social forum ; 아시아 사회 포럼, 유럽 사회 포럼 등), 주제별 사회 포럼(thematic social forum ; 세계 교육포럼, 반군사주의 포럼 등) 또는 주체별 사회 포럼(세계 의원포럼, 세계 청년포럼 등)이 수차례 개최되는 등 세계사회 포럼은 이제 연례행사를 넘어 하나의 "과정"으로 발전하고 있다.

인도 뭄바이에서 열린 4차 세계사회 포럼에서는 몇 개 대중운동 조직 및 단체가 세계 사회운동 네트워크를 제안하기에 이르렀다. 세계 사회운동 네트워크는 일단 소통과 정보 공유를 하는 느슨한 연대체로 시작하여 이후 논의과정을 거쳐 그야말로 지구적 사회운동의 연대를 강화하고 공동투쟁을 결의하고 전략을 수립하는 공간으로 나아가기 위한 첫 발걸음을 내밀었다. 세계 사회운동 네트워크는 세계사회 포럼이라는 "공간"을 적극적으로 이용하면서 세계사회 포럼의 한계를 넘어서기 위한 시도다.

먼저 세계 사회운동 네트워크에는 정당과 정치조직이 함께 참여할 수 있고, 전 세계 대중운동들 간 공동투쟁 결의와 조직 등 실천을 중심으로 있다. 즉 세계 사회운동 네트워크는 전 세계 운동들 간 소통을 원활히 하기 위한 공간일 수 있지만 신자유주의에 공동으로 투쟁하는 "행위자"로서의 역할을 분명히 하는 것이다. 이 네트워크는 세계사회 포럼을 적극적으로 이용한 사례이고, 또한 세계사회 포럼의 결과물이자 그것을 뛰어넘는 성과이다. 이번 WTO 칸쿤 투쟁에서 그랬듯이 여러 운동세력 간 활동 공유와 조율, 그리고 네트워크 공동 명의로 명확한 입장을 담은 성명서를 내기도 한다. 세계 사회운동 네트워크는 3차 투쟁 호소문에 170여 개 단체가 연명한 상태이며, 브라질에 연락사무소를 두면서 브라질 단체들이 주도하고 있다.

5. 기업에 의한 세계화

국가단위와 단체단위의 세계화 노력에 힘입어 기업은 본격적으로 세계화에 나섰다. 그 첫째가 바로 세계기업(world enterprise)이라고도 불리는 다국적기업(MNC : multinational corporation)이었다. 다국적기업은 세계 각지에 자회사, 지사, 합병회사, 공장, 현지법인 등을 확보하고 생산·판매 활동을 국제적 규모로 수행하여 세계화의 수혜자가 되었다. 1960년대부터 쓰이기 시작한 용어인 다국적기업은 미국의 대기업이 해외진출, 특히 유럽 여러 나라로 진출하게 되자 먼저 선진제국 사이에 치열한 시장 쟁탈전을 벌이게 되었으며, 그 과정에서 자본의 국제적인 집중이 급속도로 진행되었다.

이러한 독과점의 강화로 한 나라의 국민경제나 기간산업이 외국자본의 지배 하에 들어갈 것이라는 불안감이 생기게 되었다. 이미 1960년대 프랑스의 드골 대통령이 미국 자본의 유럽 진출에 반대하고 미국의 재외생산에 얽힌 몇 가지 문제를 꼬집어 반미기운을 일으킨 적도 있다. 다국적기업의 발전은 개별국가의 국가주권의 통제 하에 들어가기 어려운 거대한 괴물의 성장을 뜻한다. 코르텐이 지적하듯 미국을 포함한 선진자본주의 국가에서도 그러한 중대한 문제를 인식하고 있다. 대외투자의 증대가 국내의 일자리를 줄여 실업문제를 심각하게 하고 다국적기업에 의한 자금조작, 탈세행위, 불법 환투기 행위가 속출하고 있다. 개발도상국에서의 다국적기업 문제는 보다 더 심각한 수준이다.

초국적기업(TNCs : trans-national corporations)의 의미는 다국적기업이 지배하던 경제체제와는 본질적으로 다르다. 즉 이들 기업들이 위치한 모국과의 긴밀도에서 현재는 단연 다국적기업이라기보다는 초국적기업이 지배하는 시대라고 보아야 한다. 기업운영의 핵심은 유지하면서 조직의 유연성이 확대된 것이 현재의 초국적기업의 본질이다. 또한 대부분의 초국적기업들은 선진국 내부의 세계 도시에 위치하면서 해당 국가의 경제지표를 대변하는 점을 미루어 국가 간 불균형을 계속적으로 지속시킨다고 볼 수 있다.

한편, 초국적기업이 주축이 된 범지구화와 미국과 유럽 및 아시아로 구성되는 '3극'(triad)의 블럭화 내지 지역화(regionalization)는 공간의 궁극적인 재편(configuration)의 형태다. 초국적기업의 해외직접투자(FDI : foregin direct investment)의 증가율 추이, 세계 산업집중도 추이, 생산국제화 지표, 사업다각화 정도, M&A 실적 등 자료에 의하면 결국 지역화는 세계화의 반대방향이 아니라 세계경제의 통합이나 범지구화(globalization)로 나아가는 하나의 단계라고 해야 할 것이다.

6. 정부에 의한 세계화

한국 정부는 적극적 개방과 세계화가 한국 경제에 절대적으로 중요하다고 판단하고 있다. 이에 한국 정부는 경제통상 외교라는 이름으로 WTO 도하 개발 아젠다(DDA : Doha Development Agenda) 등 다자 간 세계화 프로그램은 물론 양국 또는 소수국가 간 자유무역협정(FTA)에 적극 나서고 있다(외교통상부, 2004 : 129). 특히 일류 경제 경쟁력 실현을 위한 경제통상 외교와 다자협력 외교, 문화외교, 외교역량 강화가 중요한 시책으로 되어 있다. 경제통상 외교를 위해 국내기업의 해외진출 지원과 함께 외자유치, 지역별 경제통상 협력관계 증진, 동아시아 3국 간 경제협력, 도하 개발 아젠다, FTA, 개도국에 대한 지원을 역점사업으로 설정하고 있다(외교통상부, 2004).

또한 통상정책에 대한 국민적 공감대 형성 노력이라는 이름으로 세계화 반대 운동이나 대안 세계화 운동에도 적극적으로 임하고 있다. 먼저 민·관 통상 네트워크라는 이름으로 1999년 6월부터 통상정책의 수립과정 및 시행시 업계, 학계, 언론계 등의 민간 통상 전문가에게 정보와 자료를 수시로 제공하고 이들의 의견을 수렴하는 쌍방향 네트워크를 구축해 운영 중이다. 2002년 12월까지 300여 명의 학계, 언론계, 재계 등의 국내 통상 관련 인사들에 대한 데이터베이스를 구축하였다. 또 Trade Club이라는 걸 운영하고 있는데, 이는 주요 경제 · 통상 분야 및 기타 업무수행에 필요한 실무 전문지식을 제고하고, 다양한 여론 주도층의 의견을 수렴하며, 특히 산 · 관 · 학 · 언 간의 정보교류 활성화와 상호 이해증진을 도모하기 위해 설치된 외교통상부 내부 토론회이다. 도하 개발 아젠다 협상에 대응하기 위해 연찬회를 개최하고 있다. 범정부적인 협의체제를 수립하고 업계를 포함하여 국민여론을 효과적으로 수렴하기 위해 노력하고 있다. 도하 개발 아젠다 협상동향에 대한 홈페이지(www.wtodda.net)를 별도로 구축하여 협상진행 관련 정보를 신속히 제공하고, 각종 자료를 연구소, 학계, 업계, 언론, 시민단체 등에 수시 배포한다. 그런 가운데 한국 정부는 다양한 세계화 추진 국제기구에 가입하였다. 2004년 현재 한국이 가입한 국제기구는 모두 91개로서 주요 기구는 〈표 6-1〉과 같다.

한국 정부는 도하 개발 아젠다(DDA) 협상이 대외수출 여건을 개선하고 한국 경제구조를 고도화할 수 있는 중요한 기회이자 국제사회의

<표 6-1> 한국의 국제기구 가입현황

구분	주요 국제기구(가입연도)	수
유엔 및 산하기구	국제연합(UN : 1991) 유엔무역개발회의(UNCTAD : 1965)	5
유엔 전문기구	국제통화기금(IMF : 1955) 국제부흥개발은행(IBRD : 1955) 국제개발협회(IDA : 1961) 국제금융공사(IFC : 1964) 국제노동기구(ILO : 1991)	16
유엔 독립기구	관세 및 무역에 관한 일반협정(GATT : 1967) 세계무역기구(WTO : 1995)	3
정부 간 기구	경제협력개발기구(OECD : 1996) 아시아태평양경제협력체(APEC : 1989) 아시아개발은행(ADB : 1966) 유럽부흥개발은행(EBRD : 1991) 국제투자보증기구(MIGA : 1988) 국제투자분쟁해결본부(ICSID : 1967) 국제결제은행(BIS : 1997)	69
계	91	

책임 있는 일원으로서 국가적 위상을 제고하고 국내제도의 선진화를 조기에 정착시키는 계기로 판단하고 있다. 한국 정부는 DDA협상을 효율적으로 수행하기 위해 대외경제장관회의를 정점으로 모든 관계부처가 참여하는 범정부적 협상체제를 가동하여 각 부처가 소관분야에 대한 대책안을 마련하고 대외교섭은 외교통상부가 수행하고 있으며, 특히 외교통상부 안에 DDA협상실을 설치하여 분야별 협상대책반 회의를 개최하고 있다. 한국 정부는 DDA협상이 한국 경제의 고도화를 위한 기회로 활용될 수 있도록 국내산업의 경쟁력 제고 방안과 농어촌 · 농어업 특별대

책위를 중심으로 농·어민 소득지원 및 경쟁력 제고 방안을 검토하고 있다. 이외에도 한국 정부는 범국민적 협상대응과 능동적인 협상참여를 주요 원칙으로 하고 있다.

주지하듯 DDA는 2001년 11월 9일–14일간 카타르 도하에서 개최된 WTO 제4차 각료회의에서 출범하였다. 2004년 말까지 타결을 목표로 두 개로 나뉘어 논의가 진행중이다. 먼저 DDA협상 감독기구인 무역협상위원회(TNC) 산하에 있는 각 협상기구가 농업, 서비스, 비농산물, 규범, 환경, 지적재산권, 분쟁해결 등 7개 협상분야를 논의하고 있다. 싱가포르 이슈(투자, 경쟁정책, 무역원활화, 정부조달 투명성) 등 여타분야는 기존 WTO 산하기구에서 본격적인 논의가 진행되고 있다.

한국 정부는 오늘날의 세계경제가 다자주의와 지역주의(regionalism)가 병행하는 흐름에 있다고 판단하고 있다. 곧 WTO DDA의 출범으로 대표되는 다자주의와 북미자유무역협정(NAFTA)의 출범 및 유럽연합(EU)의 심화·확대, 아세안자유무역협정(AFTA) 출범 등의 지역주의 확대 추세가 병행하고 있다고 본 것이다. 특히 EU와의 통상분쟁, 미주자유무역지대(FTAA) 추진 등에서 표출되는 미국의 통상정책 기조는 이라크 전쟁 이후 더욱 강화될 가능성이 크며, 이에 따라 세계무역에서 지역주의 흐름이 더욱 두드러질 것으로 예상된다는 것이다. 이에 한국 정부는 지역주의가 동아시아 지역에까지 확대되고 있다고 판단하여 FTA를 통상정책의 주요 수단으로 적극 활용하기로 방침을 정하고 1998년 11월 국무총리 주재 대외경제조정위원회에서 칠레와의 자유무역협정을 우선 추진하고, 추가로 주요 지역별 거점국가와 추진하기로 하였다. 이미 타결된 한–칠레 FTA에 이어 일본과 싱가포르, 미국, 태국, 뉴질랜드 및 멕시코와의 FTA도 추진 중에 있다.

II. 세계화 반대 운동의 추세

1. 1995-1999

기업의 세계화(TNCs : transnational corporations)에 견주어 볼 때 이에 반대하는 대규모 운동은 1990년대 중반까지는 거의 없었다. 그러므로 코르텐은 세계화란 국경을 초월하는 초국적기업(TNC)이 주도하는 광범한 헤게모니(pervasive hegemonic force)라고 정의한다. 물론 그 이전 활동가들은 15년 이상 동안 세계은행과 IMF 정책에 반대하는 캠페인을 벌여왔다. 1994년 세계은행 창립 50주년 기념행사가 열린 마드리드에서 세계화 반대 시위가 이미 있었고, 유럽과 북미지역 외에도 라틴아메리카나 아시아 등지에서도 시위들이 있었다는 점에서 1999년 시애틀 시위가 최초의 세계화 반대 시위는 아니었다. 1993년 세계무역감시단(Global Trade Watch)은 세계화를 결정짓는 국제 상거래 협약에 대한 정부와 기업의 책임성을 제고하기 위해 창설되었다. 인권향상과 폭력종식을 위한 국제 NGO의 역할도 중요했고, 초국적기업과 국제금융기구(IFIs : International Financial Institutions)에 대한 다양한 이익집단의 개입도 두드러졌다.

특히 초국적 석유회사를 중심으로 한 열악한 노동관행은 상이한 나라들의 노동조합 사이에 협조를 부추겼다. 그래서 1990년대 중반 폭력적인 노동과 인권유린에 반대하는 조직화된 세계적 운동이 일어나면서 대략 1995년부터 세계화 반대 운동이 본격적으로 막을 올리게 된다(CSIS, 2000). 나이키나 스타벅스 커피 등 초대규모 초국적기업들에 의한 불법

노동관행에 대항하고자 다양한 국제연대체가 결성되었다. 이러한 연대단체에 의한 시위는 개별 초국적기업을 넘어 점차 세계무역기구(WTO)와 IMF 및 세계은행에 대한 반대로 나아갔다. 벨로의 말대로 브레튼 우즈-WTO 체제는 고도로 집권화된 미국 초국적기업의 이익을 극대화하기 위한 단일의 보편적 규칙체계(monolithic system of universal rules)이다(Bello, 2000).

이 시기 IMF와 세계은행에 반대하는 연례집회 참여 인원이 획기적으로 불어났다. 단 25명이던 참여자가 단 2년 만에 3만 명 이상으로 늘어나 워싱턴 포스트지의 말대로 "세계적 정의는 이제 하나의 유행"이 된 것이다. "50년이면 충분하다 네트워크"(Fifty Years Is Enough Network)의 네후(Njoroge Njehu)의 말에 의하면 이제 미국에서의 세계화 반대 운동은 1990년대 초기 북미자유무역협정(NAFTA)에 대한 대응의 실패를 포함한 초기 교육단계를 넘어 세계적 경제정의를 추구하고 있다. 우루과이 라운드에서 보여준 GATT와 WTO가 공식적 세계화 추진 기구라면 세계무역감시단(GTW : Global Trade Watch)은 그 반대 운동 기구라 할 수 있다. IMF는 역설적으로 다양한 국내적 차원의 NGO들을 세계화를 반대하는 범세계적 운동체로 만드는 데 기여하고 있다. 1998년 아시아 외환위기는 새로운 국제통화장치(international monetary architecture)에 대한 활발한 국제논의를 야기하기에 충분했다.

2. 1999-2001

1999년 6월 18일에는 독일 콜로그네(Cologne)에서 있었던 선진 서방 8개국(G8) 경제정상회의(Economic Summit)에 맞추어 런던에서 'J18' 이라는 그 반대 조직이 결성되었다. 북미와 유럽의 도시들이 개입되었고 약 2000명이 시위에 참여했다. 20개 이상의 기업이 1만 건 이상 사이버 공격을 당했고, 조직화를 위해 인터넷이 널리 이용되었다. 1999년 11월 에는 프랑스에서 있었던 WTO 반대 시위에 10만 명 이상이 참여했다.

　　1999년 11월 29일부터 12월 3일까지 시애틀에서 열린 WTO 각 료회의(Ministerial Conference)에 반대하는 시위가 열렸다. 이 시위는 같은 해 8월 방갈로아(Bangalore)에서 있었던 인간적 지구를 위한 행동(People's Global Action)에서 치밀하게 계획된 것이었다. 또한 WTO 회의장소의 발 표는 직접행동네트워크(Direct Action Network)를 결성케 하였다. 세계무 역감시단(GTW : Global Trade Watch)은 그 시위의 조직과 교육사업, 평화 적 시위의 골격을 맡아 WTO의 지난 5년 보고서를 알리기 위해 1999년 내내 연중 "시애틀로 가자"Road to Seattle) 캠페인을 전개했다. 드러나는 지도자 없이도 5만 명 이상의 사람과 700개 이상의 조직이 시애틀 외 에도 60여 개의 도시에서 동시다발적으로 이 시위에 참여했고, 어떤 사 람들은 유니폼까지 착용했다. 세계교역단체(Global Exchange) 등 세계화 를 반대하는 어떤 NGO들은 대리자로서 WTO에 참여하여 합의서를 전달하려 하였으나 결국 체포됐으며, 시위대의 효과적인 저지로 개막행 사가 열리지 못했다.

　　1999년 4월 16일부터 양일간 워싱턴에서는 IMF와 세계은행 반대 시위가 열렸다. A16이라 불린 그 행사는 세계정의협력체(Mobilization for Global Justice)로 알려졌다. 워싱턴에서는 제3세계 부채탕감을 위한 종교 집단 시위(4월 9일)와 중국과의 교역 봉쇄를 주장하는 노동조합 시위(4 월 12일)도 있었다. 미국노동조합연맹(AFL-CIO)에 의해 시위가 주도되었고, 럭커스회(Ruckus Society)에 의해 비폭력 방식으로 훈련도 실시되었다. 서방세계에서의 시위들이 매스컴의 집중조명을 받는 동안 아시아와 아프리카에서도 시애틀과 워싱턴 시위에서 영향을 받은 시위들이 이어졌다. 2000년 2월 18일 방콕에서 있었던 UN무역발전회의(UNCTAD : UN Conference on Trade and Development)장 외곽에서 세계화를 반대하며 수백명의 사람들이 참여한 시위가 있었다. 시애틀이나 다보스(Davos)와 달리 노조 대표들과 전 세계에서 온 NGO 대표들이 세계은행 울펜슨(James Wolfensohn) 총재, IMF 무어(Mike Moore) 총재와 논쟁을 벌였다.

2000년 5월 태국 치앙마이에서 열린 아시아개발은행(Asian Development Bank) 연례회의는 빈곤을 심화시키는 정책에 반대하는 4천여 명의 시위자들에 의해 압도당했다. 같은 해 7월 오키나와에서 있었던 서방 8개국 정상회담은 전 일본에서 온 수천 명의 시위대와 맞닥뜨려야 했다. 이렇듯 시간이 지날수록 시위 참가자가 늘어갔고 규모도 폭발적으로 커져만 갔다. 더 많은 시위자가 몰린 건 2000년 5월 27일부터 6월 4일까지 캐나다 윈저에서 있었던 OAS(Organization of American States) 각료회의 반대 시위와 같은 해 6월 11일부터 15일까지 캘거리에서 있었던 세계원유회의(World Petroleum Conference) 반대 시위였다(CSIS, 2000). OAS는 늦어도 2005년까지 NAFTA(North American Free Trade Agreement)를 미주자유무역지대(FTAA : Free Trade Area of the Americas)로 발전시키기로 했다.

2000년 9월에는 호주 멜버른의 한 카지노에서 열리기로 한 세계경제 포럼(World Economic Forum) 회의는 시위대에 의해 저지되었다. 같은 달 체코의 프라하에서는 세계은행 회의를 겨냥한 세계 행동의 날(Global Day of Action)이 결성되어 회의를 저지하였고, 같은 시위가 전 세계 110개 도시에서 열렸다. 이날은 PGA(People's Global Action)에 의해

"자본주의 반대 운동의 베를린 장벽"이 무너진 날로 평가받았다(PGA, 2000). 2001년 1월에는 다보스(Davos)에서 있었던 세계경제 포럼에 대응하여 세계사회 포럼(World Social Forum)이 브라질 포르투 알레그레(Porto Alegre)에서 결성되었다. 세계사회 포럼에는 전 세계 천여 개의 조직에서 온 1만 명 이상이 참여했다. 그 목적은 자유무역과 세계화 경향에 대한 투쟁으로, 제3세계 부채탕감과 자본의 국제적 이동에 대한 과세, 무역협정에서의 노동 및 사회적 조건 명시 등을 그 대안으로 제시하면서 세계경제에 영향을 주는 사람들에 대한 로비도 추진하였다. 2001년 4월 퀘벡에서는 미주자유무역지대(FTAA : Free Trade Area of the Americas) 정상회의에 대항한 시위를 CLAC(La Convergence des Luttes Anti-Capitalistes)가 조직하였다. 이는 'A20'의 이름으로 행동의 날을 4월 20일로 잡았다.

3. 2001-

2001년 이후 세계화 반대 운동은 먼저 반전 운동에서 시작되었다. 이후 자연스럽게 세계화 반대 운동과 결합되는 경향을 보여주고 있다.

2003년 1월에 발표한 호소문에 2003년 2월 15일(미국의 이라크 침공 직전) 국제반전공동행동에 전 세계의 주요 도시에서 반전 시위를 조직하자는 내용이 담기게 되었는데, 이를 바탕으로 '2·15국제반전공동행동'(IAJA : International Anti-War Joint Action)이 조직되었다. 이어 3월 20일 미국의 이라크 침공 이후에는 반전 시위가 세계적으로 확산되고 서로 네트워킹되면서 2003년 9월 17일 국제반전공동행동이 한 차례 더 있었고, 침공 1년이 되는 2004년 3월 20일에도 세계적인 시위가 있었다. 2003년 6월에는 인도네시아 자카르타에서 '국제반전총회'(IAC : International Anti-War Conference)가 열렸고, '자카르타 컨센서스'(Jakarta Consensus)라는 선언문을 발표했다. 2004년 1월 인도 뭄바이 세계사회 포럼에서 반전총회가 한 차례 더 열린 이후 3월 20일 국제반전공동행동을 결의했고, 2004년 9월 레바논 베이루트에서 '반전반세계화총회'(Where Next for Anti-War and Anti-Globalization Movements?)가 열렸다.

2003년 9월 멕시코 칸쿤에서 열린 5차 각료회의 반대 시위에는 한국에서 가장 많은 원정투쟁단을 조직해서 참여해 투쟁을 주도적으로 이끌었다. 이경해 농민의 자결로 애초 멕시코 사회운동을 중심으로 구성된 조직위원회의 계획보다 훨씬 격렬하게 투쟁이 전개된 데다 WTO 내의 모순이 증폭되어 각료회의는 결국 결렬되었다.

WTO 등을 비롯한 경제 세계화와 미국의 군사적 패권주의가 결합되어 있다는 인식 하에 세계화 반대 운동과 반전 운동이 결합되어야 한다는 주장이 제기되면서 2003년 인도 뭄바이 세계사회 포럼부터 2004년 6월 베이루트 국제 반전반세계화총회에 이르기까지 반전 운동과 세계화 반대 운동은 상호 결합하는 추세를 보이고 있다.

제**4**부

한국 사회 외래인의 위상과
사회적 배제

제7장
한국 사회 외래인의 위상

I. 한국 사회 외국인 노동자의 위상

1. 외국인 노동자 정책

외국인 정책은 크게 공급주도적(supply-driven) 정책과 수요주도적 (demand-driven) 정책으로 구분할 수 있다(유길상 외, 2004 : 3-5). 공급주도적 외국인 정책은 캐나다, 호주, 뉴질랜드 등 주로 점수제에 의한 전문기술인력의 유치를 목표로 하며, 풍부한 국제적 노동공급의 존재를 전제로 한다. 반면 수요주도적 외국인 정책은 한국을 위시하여 미국, 유럽과 일본, 홍콩, 싱가포르, 대만 등에 해당되며, 저숙련직종 등 제한적인 분야에 한해 한시적으로 외국인을 활용한다는 특징이 있다.

<표 7-1> 외국인 노동자 정책의 유형

공급주도적 정책	유형	수요주도적 정책
점수제에 의한 전문기술인력의 유치	특징	저숙련직종 등 제한적인 분야에 한해 한시적으로 활용
캐나다, 호주, 뉴질랜드	사례	한국을 위시하여 미국, 유럽과 일본, 홍콩, 싱가포르, 대만

　　외국인 활용정책은 크게 허가제와 연수제로 나눌 수 있고, 허가제는 노동허가제와 고용허가제, 연수제는 단순연수제와 연수취업제로 나눌 수 있다. 노동허가제는 노동자 본인에게 입국과 취업을 허가하는 제도로 유럽과 미국에서 시행하고 있으며, 한국도 2004년부터 시행하고 있다. 고용허가제는 노동자가 아니라 고용주에게 고용을 허가함으로써 노동자는 간접적으로 입국과 취업을 허가받게 되는 강력한 규제적 장치로서 대만에서 시행하고 있다. 단순연수제는 취업이 아니라 연수 그 자체가 목적이며, 노동자는 훈련생 신분에 지나지 않는다. 연수취업제는 연수 후 일정기간 취업을 보장하는 제도로서 일본이 시행하고 있으며, 한국도 노동허가제와 함께 시행하고 있다.

<표 7-2> 외국인 활용정책의 유형

유형		특징	사례
허가제	노동허가제	노동자 본인에게 입국·취업 허가	한국(현재), 유럽, 미국
	고용허가제	고용주에게 고용을 허가함으로써 노동자는 간접적으로 입국·취업 허가	대만
연수제	단순연수제	연수 그 자체가 목적	
	연수취업제	연수 후 일정기간 취업 보장	한국, 일본

〈표 7-3〉외국인 정책 시기 구분			
정책부재기	단순기능자 도입기	단순기능자 도입 확대기	외국인 정책 정비기
-1991	1991-1993	1993-1995	1996-

한국의 외국인 정책은 대략 4기로 나누어 볼 수 있는데, 정책부재기와 단순기능자 도입기, 단순기능자 도입 확대기, 외국인 정책 정비기로 나눌 수 있다.

먼저 정책 부재상태에서의 외국인력 유입기는 1991년까지이다. 출입국관리법에 의해 교수, 회화지도, 연구, 기술지도, 전문직업, 특정 직업 등 전문기술 분야 이외 단순기능 외국인 근로자의 국내취업 불허한 시기였다. 그러나 1987년 이후 생산직 인력난으로 인한 비공식적 불법체류자가 증가하기 시작했고, 아시안 게임과 올림픽, 엑스포, 한국 방문의 해 등으로 1990년부터 중국계 한국인의 입국이 급격히 증가하기 시작했다.

두 번째 시기는 단순기능 외국인력 정책의 도입기(1991-1993)로, 외국인 산업기술 연수사증 발급 등에 관한 업무처리 지침(법무부 훈령 제255호)과 시행세칙의 제정으로 해외투자기업에 의한 산업기술연수생제도가 도입(1991년 11월)된 시기이다. 세 번째 시기는 단순기능 외국인력 정책의 확대기(1993-1995)로, 출입국관리법 제19조와 이에 의한 외국인 산업연수제도 운영에 관한 지침(중소기업청), 외국인 산업연수생의 보호 및 관리에 관한 지침(노동부)과 법무부 내 외국인 산업기술연수조정협의회, 외국인 산업기술연수협력사업 운영요령(중소기협, 1994)에 의한 외국인 산업기술연수생제도(1993년 11월)의 시행으로 시작되었다. 1995년 3월에는 산업연수생이 외국인 산업기술연수생의 보호 및 관리에 관한 지침

(노동부 규례 258호)에 의한 노동관계법적 보호를 받게 되었다.

　　마지막 네 번째 시기는 외국인력 정책의 정비기(1996-)로서, 1998
년에는 출입국관리법의 개정으로 단순기능 외국인의 취업문호를 개방
하고 산업연수제도의 법적 근거를 마련했다. 2000년에는 출입국관리법
의 개정과 외국인 산업인력 정책 심의위원회의 설치에 의해 2년간 국내
에서 훈련을 받으면 1년간 취업이 가능한 연수취업제도가 시행되었다.
2002년에는 일부 외국국적 동포에 한해 지정된 서비스 업종에의 취업을
허용한 취업관리제도가 시행되었다. 그러다가 산업연수생의 고용허가
제 전환 시도는 경영계의 반대에 밀려왔으나 외국인 근로자의 고용 등
에 관한 법률이 제정되면서 2004년 8월부터 고용허가제가 시행되어
산업연수제도와 병행하게 되었다. 외국인 현황은 〈표 7-4〉로 정리될 수
있다.

〈표 7-4〉 국내 외국인 등록 인구 현황

	1995	2000	2001	2002	2003	2004	2005	2006	2007
계	123,881	244,172	267,630	287,923	437,014	469,183	485,477	632,490	765,429
남	70,755	143,177	153,449	159,356	257,628	278,377	283,998	370,728	438,660
여	53,126	100,995	114,181	128,567	179,386	190,806	201,479	261,762	326,769

2. 저숙련 외국인 노동자 정책

　　한국 경제의 고도성장에 따라 1980년대 후반부터 이른바 3D업종
을 중심으로 저숙련 노동력 부족 현상이 심화되면서 경영계는 외국인력

<표 7-5> 외국인 체류자격별 구성

체류자격		2002		2003	
		인원	비율(%)	인원	비율(%)
전체		362,683	100	395,679	100
등록 취업자	합법취업자	33,797	9.3	206,927	52.3
	전문기술인력	21,450	5.9	20,014	5.1
	비전문취업(E-9)	-	-	159,705	40.4
	취업관리(F-1-4)	156	0.0	6,964	1.8
	연수취업(E-8)	12,191	3.4	20,244	5.1
	산업연수(D-3)	39,647	10.9	50,696	12.8
	단체추천 (D-3-2-D-3-6)	25,622	7.1	38,886	9.8
	해투기업(D-3-1)	14,025	3.9	11,810	3.0
미등록 취업자		289,239	79.7	138,056	34.9

자료 : 설동훈 · 박경태 · 이란주(2004). 『외국인 관련 국가인권정 책기본계획 수립에 관한 연구』. 국가인권위원회. 23.

의 도입을 요청하였지만 외국인력의 도입이 내국인 노동여건을 악화시 킨다는 노동계의 반대에 밀려왔다. 그러다가 1991년 해외투자기업 연수 생제도를 시행하게 되었지만 혜택이 중견기업 이상에게만 돌아간다는 지적에 따라 1993년 중소기업을 위한 산업연수생제도를 시행하여 2003 년까지 한국의 핵심적 외국인력 활용제도가 되었다. 이후 연수취업제도 와 취업관리제도, 고용허가제가 시행되고 있다. 저숙련 외국인의 대표적 범주인 산업연수생 도입 정원 추이는 다음의 <표 7-6>과 같다.

<표 7-6> 산업연수생 도입정원 확대 추이

(단위 : 천 명)

	1993	1994	1995	1996	1997	2000	2002
증원	20	10	20	30	2.8	1.7	
증원분야	제조업			연근해 어업	내항선 건설업	연근해 어선	총정원제
누계	20	30	50	80	82.8	84.5	145.5

3. 전문기술 외국인 노동자 정책

전문기술 외국인력의 취업분야는 다음 〈표 7-7〉에서 E-1(교수)에서 E-7(특정활동)까지 7개 분야로 이들에게는 합법적인 취업비자가 발급되고 있다. 특히 첨단기술 외국인력에 대해서는 적극적인 유치를 지원하고 있다. 200년 11월부터 정보기술과 전자상거래 및 e-비즈니스 등 첨단분야에 대해서는 복수사증을 발급하고 체류 상한기간을 2년에서 3년으로 연장하였을 뿐만 아니라, 체류기간 연장허가를 받으면 무제한 체류가 가능하게 하였고, 고용주의 동의가 있으면 체류자격 이외 활동을 허용하고 근무처 추가, 복수허가가 가능해졌다. 현재 한국의 비자 종류는 〈표 7-7〉과 같다.

<表 7-7> 한국의 비자 종류

A-1 -2 -3	외교 공무 협정	D-3 -4 -5 -6 -7 -8 -9	산업연수 일반연수 취재 종교 주재 기업투자 무역경영	E-5 -6 -7 -9 -10	전문직업 예술흥행 특정활동 비전문취업 내항선원
B-1 -2	사증면제 관광통과			F-1 -2 -3 -4	방문동거 거주 동반 재외동포
C-1 -2 -3 -4	일시취재 단기상용 단기종합 단기취업	E-1 -2 -3 -4	교수 회화지도 연구 기술지도	G-1	기타
D-1 -2	문화예술 유학			H-1	관광취업

4. 불법체류 외국인 정책

전문기술 외국인의 유치에 대한 적극적 지원 및 저숙련 필요 인력에 대한 허용과 달리 불법체류 외국인 정책은 대단히 엄격하다. 불법체류자란 합법적 입국절차를 거쳐 입국한 후 체류기간을 넘기고 계속 국내에 거주하는 사람을 말한다(손동권 외, 1996 : 40). 2005년 현재 불법체류자의 수는 141,933명으로 추산되며, 중국 출신자가 거의 45%를 상회한다. 2005년 현재 국적별 불법체류자 현황은 <표 7-8>과 같다.

불법체류자가 될 수밖에 없다는 이론에는 아노미 이론과 문화갈등 이론, 경제 이론으로 대분해 볼 수 있다. 불법체류자는 출입국관리법을 위반한 체류자와 그 범죄 이외에 일반 형사법을 위반한 체류자, 국제조직 범죄 관련 체류자로 구분할 수 있다.

<표 7-8> 국적별 불법체류자 현황(2005)

구분	계	중국		방글라데시	필리핀	몽골	베트남
		동포	한족				
계	141,933	34,506	32,395	10,377	8,438	7,928	7,791
장기	51,663	13,137	8,475	4,211	4,447	586	6,403
단기	90,270	21,369	23,920	6,166	3,991	7,342	1,388

자료 : 법무연수원(2007). 『외국인범죄의 실태와 대책』. 9.

현재 불법체류자에 대해서는 공무원인 경우 외국인 보호소와 그 사무소 및 출장소장에게 신고의무를 부과하고 있다. 또한 부당 노동행위를 당한 경우 해당 기관에의 고소를 통해 불법체류자는 이른바 선구제- 후통보 원칙에 따라 보호를 받게 되어 있지만 실제적으로 고발이 어려운 현실에 있다. 그리고 불법체류자 자녀의 초등학교 취학의무제가 있지만 불법체류 사실을 인지한 학교의 장이 신고의무를 게을리할 수 없다는 문제가 있으며, 여타 범죄로 인해 경찰의 조사 결과 불법체류 사실이 드러나면 추방을 당할 수밖에 없다는 문제도 있다.

5. 출입국관리 정책

우리나라 출입국관리 정책은 출입국관리법을 기본으로 하고 있는데, 이 법은 1963년(법률 제1289호) 제정되었다(법무부, 2003). 우리나라 출입국관리 정책은 외국인의 입국거부 사유와 강제퇴거 사유 등을 상세하게 규정하는 등 외국인의 입국조건을 까다롭게 규정하고 입국거부나 강제퇴거의 경우 본인에게 미치는 영향을 고려하여 신중한 절차를 적용하는 미국식을 따르고 있다. 미국식은 사증 발급절차를 엄격히 규정하면서 수적 할당제를 두거나 체류자격제도를 시행한다. 반면, 유럽식은 외국인의 입국보다 체류 측면을 중시하여 범법 외국인의 배제와 취업제한 등을 중시한다.

광의의 출입국관리는 직접적인 협의의 출입국관리와 외국인 체류관리, 난민인정 및 관리, 국적업무로 구분할 수 있으며, 협의의 출입국관리는 외국인의 출입국관리와 내국인의 출입국관리로 구성된다. 내국인의 출입국관리는 외교부에 의한 여권발급과 출입국심사 및 규제자관리로 나누어지며, 외국인의 출입국관리는 입국관리와 출국관리로 구분되어 전자에는 사증업무와 입국심사, 상륙허가, 국경순찰 등이 포함된다. 외국인의 출국관리에는 출국심사와 규제자관리가 속한다.

출입국관리 정책상 가장 중요한 외국인 정책에는 외국인 강제퇴거와 외국인 보호가 있는데, 강제퇴거도 그 이전 결국 격리수용한다는 점에서 외국인 출입국관리 정책의 핵심은 바로 보호다. 그런데 이 보호라는 용어는 '문화재 보호' 등에서 사용하는 개념이 아니라 '격리수용'의 뜻을 담고 있다. 미국의 경우도 그런 점에서 'protection'이 아니라 'detention'이란 용어를 사용하고 있다. 또한 보호의 개념이 지나치게 포괄적이고 사실상 기간제한이 없을 뿐만 아니라, 외국인 보호규칙이라는 시행규칙에 위임하는 등 근거법률의 박약이라는 인권침해적인 결정적 문제가 있다. 그래서 국가인권위원회는 불법체류자에 대한 공무원의 통보의무, 불법체류 범칙금제도 개선, 출입국 관련 서류의 번역 공급, 외국인 노동자 인권보장 지침의 번역 공급, 외국인 노동자와 한국인에 대한 인권교육의 강화, 출입국 담당직원 소양교육, 국내 주재 송출국 대사관과의 긴밀한 협력 채널 구축, 한국인의 차별의식 극복 프로그램 개발 등을 권고한 바 있다(국가인권위원회, 2002). 최근 2007년 제정된 재한외국인 처우 기본법도 체류자에 관한 것일 뿐 외국인의 입국자 중심의 보호위주 출입국관리 정책은 아닌 것이다.

II. 북한이탈주민의 위상

2008년 현재 한국에는 1만 5천 명 정도의 북한이탈주민이 거주하고 있는 것으로 알려져 있다. 1995년 이후 북한이탈주민 입국자 추이는 〈표 7-9〉와 같다. 한국 정부의 북한이탈주민 정책은 다섯 단계로 나눌 수 있다. 곧 보안 차원 지원 시기(1948-1961)와 보훈 차원 지원 시기(1962-1977), 체제선전 차원 지원 시기(1978-1992), 사회복지 차원 지원 시기(1993-1996), 통일대비 차원 수용 시기(1997-)가 그것이다(이경숙·윤여상, 2005, op. cit).

먼저 보안 차원 지원 시기의 북한이탈주민은 1962년 제정된 국가유공자 및 월남귀순자 특별원호법의 적용에서도 제외되었다. 보훈 차원 지원 시기에는 국가유공자 및 월남귀순자 특별원호법의 제정과 1974년 국가유공자 등 특별원호법으로의 개정으로 보훈 차원에서 북한이탈주민에게 국가유공자에 준하는 대우를 하였다. 체제선전 차원의 지원 시기에는 국가유공자 관련 법률에 포함되어 있던 북한이탈주민 관련 규정들이 1978년 월남귀순용사 특별보상법으로 통합·제정되면서 종합적이고 체계적인 지원정책이 되었다. 곧 각종 보상금과 특별임용, 주택제공, 직

<표 7-9> 북한이탈주민 입국자 수 추이

1995	1996	1997	1998	1999	2000	2001	2002	2003	2004	2005	2006
41	56	86	71	148	312	583	1,139	1,281	1,894	1,383	2,019

자료 : 통계청(2008). 「국가통계포털」.

장알선, 교육보호, 의료보호 등이 제공되었다.

사회복지 차원 지원 시기에는 월남귀순용사 특별보상법이 1993년 귀순북한동포보호법으로 개정되어 종전의 혜택을 축소하고 주무부서를 국가보훈처에서 보건사회부로 이관하였다. 1997년에는 주무부서를 통일부로 하는 북한이탈주민의 보호 및 정착지원에 관한 법률이 제정되었다. 북한이탈주민 주무부서의 변천과정은 <표 7-10>과 같다.

<표 7-10> 북한이탈주민 주무부서의 변천과정

	–1962	–1978	–1993	1997–
주무기관	군 보안기관	원호처 (1984 국가보훈처)	보건사회부	통일부
심사 위원회		– 국가수호자특별원호심사위원회(국방부) – 월남귀순자원호심사위원회(국방부) – 월남귀순자보상심사위원회(국방부)	– 귀순북한동포보호위원회(보사부)	– 북한이탈주민대책협의회(통일부)

1989년 베를린 장벽이 붕괴될 때까지 동독에서 서독으로 이탈한 사람은 380만 명 이상으로 추정된다. 1989년 여름 동서독 화폐·경제사회 통합이 발표된 1990년 6월 30일까지 서독으로 이동한 58만을 합하

제7장

면 전체 동독주민의 1/4을 초과하는 400만 이상의 수준이다. 서독은 이러한 문제에 대비해 분단 직후부터 서독 기본법에 동독거주자도 독일국적 소지자로 규정(제116조)하고 긴급수용법을 1950년에 제정하여 대량탈출 사태에 대비해 왔다. 따라서 서독은 동독인을 난민이나 이주자로 보지 않고 동포로 이해하여 베를린과 기센 등 두 곳에 긴급수용소를 설치하고 간단한 절차를 거쳐 서독 11개 주로 분산 배치하였다. 이후 동독인들은 서독인과 동등한 사회보험과 수당 등 각종 지원을 받아 정착과 동화에 어려움이 없었다. 정부와 민간단체의 역할이 적절히 분담되어 통일 이전 대탈출과 이후 대량이동에도 별 큰 어려움을 겪지 않았다(국회인권포럼, 1999 : 25-26).

III. 귀국교포의 위상

그간 재외동포 정책은 재외동포의 권익보호와 모국발전에 기여해왔다. 그러나 재일교포와 재미교포를 중심으로 한 재외동포 정책은 남북한 이념대립의 대리적 수단으로 악용되어 왔다(윤인진, 2003 : 68). 따라서 1, 2공화국에서는 귀국동포 정책이라 할 정책이 전무한 시기였고, 제3공화국에서는 해외이주법을 통한 해외이민 독려의 시기였으며, 1991년 해외이주를 허가제에서 신고제로 전환하고 1993년 문민정부에 의해 신교포 정책이 수립되었다. 1994년 이후 세계화를 추진하고, 1995년 대통령 소속 세계화추진위원회의 세계화추진종합보고서에서 체계적인 재외동포 정책의 방향을 설정하고 1998년 재외동포 재단을 설립하였다.

한국학교, 한국교육원, 한글학교 등의 형태에 의한 재외동포에 대한 교육은 1960년대 재일교포를 시작으로 1970년대 여타지역으로 확대되었고, 1977년 재외국민 교육에 관한 규정을 공포하고 1980년대 모국초청 프로그램을 개시하여 1990년대 구사회주의권으로 확대하였다. 1955년 조총련 설립 이후 1970년대까지는 대북수세의 입장에서 모국방문 금지 등 통제위주 정책을 구사하였고, 1970년대에는 재미동포 한인회 조직화를 중심으로 1975년 13개국 재외국민 지도자로 재외국민통일회의를 개최하였다. 1975년 재일동포모국방문추진위원회에 의한 조총련 모국방문, 1976년 재외동포 모국방문추진위원회 결성, 1990년대에는 세계한민족축전이 개최되었다(김용찬, 2000). 1999년에는 재외동포의 출입국과 법적 지위에 관한 법률이 제정되고 2004년 헌법재판소 결정에 따른 동포범위 확대를 골자로 한 법률의 개정이 있었다(조정남·유호열·한만길 ; 2004 ; 외교통상부, 2003 ; 제성호, 2003). 2005년 재외동포 및 국내 체류자는 〈표 7-11〉과 같다.

IV. 한국 사회 다문화 이주민의 위상

대한민국 국적 취득은 출생, 수반취득, 국적회복, 인지, 귀화에 의해서만 가능한데, 귀화에는 일반귀화, 간이귀화, 특별귀화가 있다. 귀화를 위해서는 귀화허가 신청과 까다로운 귀화적격 심사를 거쳐야 한다.

〈표 7-11〉 재외동포 및 체류자(2005, 2007)

	2005			2007		
	총계	재외동포	체류자	총계	재외동포	체류자
세계	6,638,338	5,490,983	1,147,355	7,044,716	5,499,280	1,545,436
중국	2,439,395	2,155,664	283,731	2,762,160	2,247,510	514,650
일본	901,284	800,410	100,874	893,740	795,721	98,019
캐나다	198,170	158,161	40,009	216,628	173,559	43,069
미국	2,087,496	1,665,452	422,044	2,016,911	1,557,749	459,162
아르헨티나	19,171	17,996	1,175	21,592	20,974	618
브라질	50,296	49,420	876	50,523	49,619	904
과테말라	9,943	2,787	7,156	9,944	2,788	7,156
오스트리아	1,620	330	1,290	1,998	473	1,525
프랑스	13,162	1,335	11,827	13,981	2,553	11,428
독일	31,966	15,296	16,670	29,800	14,776	15,024
이탈리아	5,080	57	5,023	5,502	514	4,988
네덜란드	1,875	450	1,425	1,751	719	1,032
러시아	190,671	185,885	4,786	209,025	201,900	7,125
영국	40,810	6,550	34,260	41,995	8,565	33,430
이집트	685	1	684	932	26	906
리비아	964		964	605	0	605
남아공	3,452	382	3,070	3,480	1,131	2,349
호주	84,316	50,198	34,118	105,558	54,632	50,926
뉴질랜드	31,500	17,955	13,545	32,972	23,877	9,095

자료출처 : 통계청 통계정보국 행정정보팀.
* 2년에 한 번 조사하여 홀수년도에 발표함.

혼인에 의한 귀화 추이는 다음의 〈표 7-12〉와 같다.

<표 7-12> 혼인에 의한 귀화 추이

외국인 처의 국적	2001	2002	2003	2004	2005	2006
계	10,006	11,017	19,214	25,594	31,180	30,208
일본	976	959	1,242	1,224	1,255	1,484
중국	7,001	7,041	13,373	18,527	20,635	14,608
미국	265	267	323	344	285	334
필리핀	510	850	944	964	997	1,157
베트남	134	476	1,403	2,462	5,822	10,131
태국	185	330	346	326	270	273
러시아	157	241	297	318	236	206
몽고	118	195	318	504	561	594
기타	660	658	968	925	1,119	1,421

자료 : 통계청.

제7장

여성 결혼이주민은 다양한 문화권에서 유입됨으로써 내부적 이질성이 비교적 높고 정체성에 대한 결집된 주장이 현실적으로 불가능한 상태이다(원숙연, 2008). 오히려 이들의 사회적 정체성은 외부적으로 비교적 명확하게 부여되었다고 보는 것이 타당할 것이다. 즉 '여성' 결혼이민자는 한국 사회가 안고 있는 농촌총각의 결혼과 저-출산의 문제를 해결하기 위한 하나의 대안으로서, 무엇보다 순혈은 아니지만 한국 아버지의 피를 물려받은 미래의 한국민을 생산하는 '준-한국인'으로서의 명확한 정체성을 부여받은 것이다. 따라서 이들은 '완전히 다른 피'를 가진 여타의 외국인 집단과는 구분되는 정책 대상 집단으로 인정되는 것이다. 이는 2004년 개정된 국적법에서 '여성' 결혼이민자의 귀화요건을 완화한 것으로도 설명된다. 여성 결혼이민자 및 자녀를 위한 다문화 정책은 다음의 <표 7-13>으로 정리될 수 있다.

〈표 7-13〉 여성 결혼이민자 및 자녀를 위한 다문화 정책

담당 부처		지원사업
주관	**협조**	
대검찰청	경찰청	결혼중개업체 탈법행위에 대한 단속
	외교부, 여가부, 경찰청	인신매매(성매매) 중개행위에 대한 관리방안
법무부		배우자의 신원보증 해지신청 요건 강화
		혼인파탄 귀책사유에 대한 입증책임 완화
		이혼에 의한 간이귀화 신청시 입증요건 완화
		사실혼 부모 출생자녀 및 외국인 모에게 국적 또는 영주권 부여
여가부	보건복지부, 외교통상부	결혼 당사자에게 국제결혼에 대한 정보 제공
	법무부	가정폭력피해자 지원체계 구축 및 보호
	복지부, 법무부, 행자부, 정통부, 지자체	한국생활 적응에 필요한 정보제공 시스템 구축
	교육부, 문화부, 농림부, 청소년위	한국생활 적응 및 정착지원
	지자체	결혼이민자가족지원센터 운영
		자원봉사활동 인프라 구축 및 통역·상담·교육 인력 양성
보건복지부	교육부	복지 및 상담 서비스 제공
	여가부	기초생활 보장 및 건강증진 지원
	여가부, 농림부	자녀출산 및 양육 지원
		국제결혼중개업 관리를 위한 입법 추진
여가부 법무부	전부처	정부 정책 안내 및 일반 국민의식 제고를 위한 홍보
법무부 복지부 (질병관리본부)	외교부	결혼비자발급 서류·절차 표준화

교육부	청소년위원회	다문화교육추진체계 구축 학교의 결혼이민자녀 지원기능 강화 교사역량 강화 따돌림 예방
노동부	여가부	직업상담 및 공공 서비스 부문으로 진출 지원
		일자리 알선 및 훈련 지원
문화부	교육부, 행자부, 지자체	지역사회의 다문화 친화적인 분위기 조성 이주여성 자녀를 위한 한국문화체험 행사 주관 다문화 축제 지원
정통부		한국정보문화진흥원이 중심이 된 다문화 가족 여성 대상 IT기반의 한국어, 문화교재 개발
외교부		외교 채널을 통한 국가간 협력체계 구축

자료 : 「여성결혼이민자가족 사회통합 지원대책」. 관련 부처 내부문서. 외국인 정책위원회 (2007).

한국 정부는 여성 결혼이민자와 그들의 자녀 등 한국인과의 혈족관계에 있는 외국인에 대해서는 다문화 정책의 범위 안에서 적극적으로 편입 또는 통합하는 정책을 추진 해왔다.

제8장
외래인에 대한 사회적 배제

I. 한국 사회의 외래인에 대한 역사적 고찰의 필요성

2009년 현재 1백만 수원시 인구보다 많은 다양한 외래인이 동거하는 대한민국은 더 이상 단일민족 국가가 아니다(이종호, 2009). 아니 5천년 역사 동안 잠시도 단일민족 국가가 아니었다. 역사를 더듬어 보면 이미 입증된 귀화인만 해도 고대부터 있어 왔다(박기현, 2007). 상고 시대, 삼국 시대, 통일신라 시대, 고려 시대, 조선 시대를 지나 건국 이후 최근까지 너무나 많은 외래인들이 귀화하였다. 베트남에서 망명한 왕족 이용상은 화산 이씨를 창씨했고 흉노족 왕자 김일제는 경주 김씨, 인도 아유타의 공주 허황옥은 김해 허씨, 원나라 공주를 따라온 위구르 출신 장순룡은 덕수 장씨, 이성계의 핵심 심복이었던 여진족 이지란은 청해 이씨, 임진왜란 중 조선을 사랑한 일본 장수 김충선은 김해 김씨, 조선에서 전사한 명나라 장수 가유약은 소주 가씨를 각각 창씨하였고, 유명한 조선에 뿌리내린 네덜란드인 박연도 있다.

한민족의 기원과 형성과정에 대해서는 토착기원설보다는 외래기원설이 더 지지를 받고 있으며, 특히 베이징원인에서 유래한 몽골리안 계통의 동이(東夷)와 예(濊), 맥(貊), 한(韓) 등이 근간을 이룬다는 주장이 지배적이었다. 그러나 최근 DNA 분석과 염색체 지도가 완성되면서 한국인의 조상이 그렇게 단순하지 않은 것으로 속속 밝혀지고 있다. 곧 몽골리안이 주종인 북방계 외에 중국 한족과 말레이인, 필리핀인 등 남방계 황인종은 물론 인도인(아리안, 드라비다)과 아랍인, 흑인종 및 백인종까지 큰 영향을 주었다는 사실이 밝혀지고 있는 것이다.

이러한 사실만 보아도 한국 사회는 일찍부터 단일민족 사회가 아니라 다민족·다인종 사회였고, 조상들은 이들을 차별하지 않고 어울려 살아왔다는 걸 알 수 있다. 따라서 외래인에 대한 사회적 배제에 대해 오랜 역사를 갖는 한민족 특유의 배타성 탓으로만 돌리는 것은 큰 오류인 것이다. 외래인에 대한 사회적 배제는 극히 최근에야 생겨난 상황적 소산물임을 인정해야 할 것이다.

그러므로 한국 사회의 외래인 배제 현상에 대해서는 사회과학적 연구 외에 역사적 연구와 언어학적 연구, 문화적 연구 등 인문학적 연구도 병행되어야 할 것이다. 그래야만 외래인에 대한 사회적 배제의 비합리성이 드러나고 진지한 대안 마련에 나설 수 있을 것이기 때문이다.

II. 외래인에 대한 사회적 배제 양상

1. 외국인 노동자에 대한 사회적 배제

외국인 노동자에 대한 사회적 배제의 핵심은 배타적 출입국관리 정책에서 여실히 드러난다. 우리나라 출입국관리정책은 출입국관리법을 기본으로 하고 있다. 한편 외국인에 대한 사회보험 적용 해외 사례를 표로 정리하면 아래와 같다.

〈표 8-1〉 외국인에 대한 국민연금 적용의 외국 사례

구분	국가 예
적용 제외국	남아공, 러시아, 싱가포르 등 17개국
반환일시금제도 없는 나라	전혀 없는 나라 51개국, 한국 경우보다 낮은 나라 25개국
반환일시금제도 있는 나라	스위스, 이탈리아, 홍콩 등 13개국
사회보장체결국(상호주의)	미국, 캐나다, 독일, 영국, 네덜란드, 중국 등 6개국

자료 : 보건복지부 연금정책과(2004). 「외국인근로자 국민연금 적용관련 설명자료」.

한국은 외국인에 대해 체류자격별로 차등적인 사회보험을 적용하고 있는데, 그 현황은 다음의 〈표 8-2〉와 같다.

전문기술 외국인의 유치에 대한 적극적 지원 및 저숙련 필요 인력에 대한 허용과 달리 불법체류 외국인 정책은 대단히 엄격한데, 불법체류자란 합법적 입국절차를 거쳐 입국한 후 체류기한을 넘기고 계속 국

〈표 8-2〉 외국인의 사회보험 적용 현황(2005)

	국민연금	건강보험	고용보험	산재보험
비전문취업 (E-9)	○	○	○	○
전문기술인력 (E-1-E-7)	△	△	△	○
연수취업 (E-8)	△	△	△	○
단체추천 산업연수 (D-3-2-D-3-6)	×	△	×	○
해투기업 (D-3-1)	×	×	×	○
미등록 취업자	×	×	×	○

* △는 임의적용 또는 상호주의 원칙 적용.
자료 : 설동훈(2005). 「이주노동자 복지의 현황과 전망」. 한국사회복지협의회 편. 『사회복지』. 164호.

내에 거주하는 사람을 말한다.

　내국인 근로자에 대한 고용기회 보호의 원칙 하에 외국인 근로자를 체계적으로 도입함으로써 외국인 근로자에 대한 효율적인 고용관리와 근로자로서의 권익을 보호하기 위한 장치로 2003년 외국인 근로자의 고용 등에 관한 법률을 제정하였다. 또한 재한 외국인을 그 법적 지위에 따라 적정하게 대우함으로써 국가발전과 사회통합에 이바지하게 하고자 2007년 재한 외국인 처우 기본법을 제정하고, 다문화 가족의 구성원이 한국 사회의 구성원으로 순조롭게 통합되어 안정적인 가족생활을 영위할 수 있도록 하기 위한 가족상담, 부부 교육, 부모 교육 및 가족생활 교육 등을 추진하고 문화의 차이 등을 고려한 언어통역, 법률상담 및 행정 지원 등의 전문적인 서비스를 제공하도록 하는 등 다문화가족에 대한 지원정책의 제도적인 틀을 마련하고자 2008년 다문화가족지원법을 제정하였다. 그러나 출입국관리법상 외국인에 대한 보호조항 등과 외국인 보호규칙, 외국인 수용규칙, 외국인 출국정지업무처리 규칙 등에서 보듯 외국인에 대해서는 포섭 가설보다 배제 가설의 타당성이 더욱 크다고 해야 할 것이다.

한국은 외국인에 대한 국제기준에 크게 미달하고 있다. 곧 비교적 최근의 협약인 UN 이주근로자 권리협약(UN International Convention on the Protection of their Families, 2003)은 물론 ILO 97호 이주근로자 협약(ILO NO. 97 : The Convention concerning Migration for Employment, 1952), ILO 86호 이주근로자 권고(ILO NO. 86 : The Recommendation concerning Migration for Employment, 1949), ILO 118호 사회보장에서의 내외국민의 균등대우에 관한 협약(ILO NO. 118 : The Convention concerning Equality of Treatment of Nationals and Non-Nationals in Social Security, 1964), ILO 143호 외국인 근로자의 기회 및 균등대우 증진에 관한 협약(ILO NO. 143 : The Convention concerning Migration in Abusive Condition and the Promotion of Equality of Opportinity and Treatment of Migrant Workers, 1975) 등에 가입하지 않고 있다.

또 체류보다는 출입국 통제를 근간으로 하는 미국형 제도로 경제부처의 논리에 좌우되어 사회적 배려와 인권보장 등은 매우 경시되고 있다. 또한 체계적으로 외국인 정책을 입안하는 것이 아니라 수요가 발생하면 사후적으로 추인하는 임기응변으로 대응하고 있다. 관광객이나 투자자 등에 대해서까지도 '보호'라는 미명 아래 규제 일변도의 출입국관리 정책을 구사하고 있다. 그러나 정작 정책적 허점이 많아 출입국관리 정책의 부실로 인한 불법체류자를 양산하는 실정이며, 전문기술직은 중시하면서 단순노무직에 대해서는 홀대하는 경향이 강하다.

제8장

조사결과 기본적 의식주와 직장 및 근로형태, 심리상태 등에 대한 사회적 배제의 광범한 존재가 확인되었으며, 그 원인 변수로는 출신 국적과 체류 신분이 가장 중요하고 한국인 지인의 수와 지원단체의 영향력도 다소 작용하는 것으로 나타났다(선남이, 2007, op. cit).

2. 북한이탈주민 및 귀국교포에 대한 사회적 배제

분단 직후부터 기본법(헌법)에 동독 거주자도 독일국적 소지자로 규정(제116조)한 독일과 달리 한국에서의 북한이탈주민은 내국인과 귀국동포의 중간쯤으로 이해되어 대체로 배제를 받고 있다. 곧 국가유공자 대우를 받던 초창기 귀순용사 개념을 탈피하면서 급증추세에 따라 최근에 와서는 외국인 노동자와 동일한 이른바 3D업종을 위한 인력으로 이해하는 실정이다.

한국은 귀국동포에 대해서도 사회적 배제 기조를 유지하고 있다. 제1공화국 시기 모국방문을 전면 금지한 것은 물론이고, 제3공화국 시기 이른바 적성국가 동포의 귀국을 금지한 것이나 대체로 북한과의 체제대결이나 모국의 국위선양을 위한 수단으로 악용되면서 배제의 색채가 드러났다. 사할린 거주 동포나 독립유공자의 후손 등에 대해서만 차별적인 시혜가 주어질 뿐이다.

대부분의 미국과 러시아, 독일 등 선진국에서는 국내 시민과 해외 교포를 법적으로 동일시하여 재외동포법 등을 입법하지도 않으며, 재외동포 관련법을 가진 나라는 11개국에 있어서도 일반 외국인과는 차별적인 특혜를 부여하고 있다. 이른바 니케진(日系人)이라는 23만 명 이상의 동포를 받아들여 국내인과 다를 바 없는 사회보장을 제공하는 일본, 화교(華僑)라 하여 재외교포를 매우 중시하는 중국, 870만 해외교포의 동등한 지위를 인정하는 이스라엘, 기본법 제116조에 의해 1천만 이상 재외동포의 차별 없는 귀국이 보장된 독일과 달리 한국은 매우 배타적인 동포정책을 구사하고 있다(노영돈, 2003 : 18-21).

독일과 달리 최소한 법적으로는 외국인으로 간주된 북한이탈주민에 대해서는 북한과의 체제경쟁으로 보아 귀순자로 명명한 이후 귀국동포 및 일반 외국인과의 차별화 차원에서 특별법을 제정하여 외국인과 동등한 사회적 배제 수준으로부터 그 수준을 완화하는 경향성을 보여왔다. 그러나 입국자가 폭증하고 국내인과의 형평성 문제 등이 제기되면서 사회보험은 물론 정착지원 수준마저 축소되는 상황에 있다.

귀국동포 역시 선진국 사례와 판이하게 모국의 발전수단으로 악용되고 사회적 배제를 받아 왔지만, 사할린 교포와 독립투사의 후손 등의 특별귀국과 일부 중국 교포에 국한된 취업관리제의 예외적 허용 등에서는 진일보한 경우도 있다. 그러나 단순히 동족이라는 정서적 접근경향이 강하고 화상(華商)에 대비한 한상(韓商)을 중심으로 한 이른바 글로벌 네트워크 구상 등으로 국수주의적 경향을 보이고 있다.

제9장
세계화와 외래인에 대한
한국 정부의 입장

I. 정부주도적 세계화의 의의

1. 세계화의 의미

세계화 시대에 세계화의 개념화는 진부한 일일 수도 있다. 그러나 그 최소한은 필요하지 않을 수 없다. 세계화라는 영어가 웹스터 사전에 등장한 것은 1940년대였으며, 1990년대에 들어 본격적으로 사용되었다고 한다. 사실상 처음 공식적으로 사용된 것은 세계경제 포럼(World Economic Forum)의 1996년도 주제 "Sustaining Globalization"에서였으며, 1997년 동아시아 금융위기로 개념이 표면화된 것으로 보인다.

비교적 일찍이 베일리스와 스미스는 세계화를 세계의 한 지역에서 일어나는 일들이 멀리 떨어져 있는 사람과 사회에 점점 더 영향을 끼치게 되는 사회 간 연계의 점증 과정(the process of increasing interconnectedness between societies such that events on one part of the world more and more have effects on peoples and societies far away)으로 정의한 바 있다(Baylis & Smith, 2001). 이들에 의하면 세계화의 양상은 국가가 통제하기 어려울 정도로 국경을 초월한 경제 거래의 급증, 교통과 통신의 발달 및 정보 확산에 의한 국경을 초월한 사회집단의 형성, 실시간의 영화와 전자도서 접근에 의한 전 지구적 공통문화의 형성, 상이한 국민 간 의식의 동질성 향상, 시간과 공간 제약의 붕괴, 세계적 범위의 정치집단 출현, 지역적이면서 동시에 세계적인 행동준거의 형성, 환경오염과 전염병 등 전 지구적 재앙의 임박 등으로 요약된다.

또 나이 등은 세계주의(globalism)의 증대과정으로 정의하면서 세계주의란 여러 대륙에 위치한 국가들이 상품, 자본, 정보, 지식, 인력, 환경, 물질 등에서 상호 의존적 네트워크를 형성하는 상황이라고 정의한다(Keohane & Nye, Jr., 2000). 세계화추진위원회는 정치, 경제, 사회, 문화 등 모든 영역에서의 상호 의존성 증대에 의한 실질적 공동체의 형성으로 정의한다(세계화추진위원회, 1995). 그리고 시마이는 매스컴과 무역, 자본의 흐름 등으로 인한 상호 의존성과 기술적 변화(transformation) 과정, 생산과 소비유형의 동질화(homogenization) 및 표준화 과정, 무역과 투자 및 여타 교역 등의 세계시장 지향 과정, 시장의 공간적·제도적 통합 과정, 국경을 초월한 경제적 규제와 제도 및 정책 등의 일체성 또는 유사성의 증가 과정으로 보았다(Simai, 1994).

세계화의 관련 개념 가운데 국제화(internationalization)는 국경의 존재를 전제로 한 교류 확대에 의한 연계의 심화 과정으로 정의할 수 있으며, 다자적(multilateral) 관계를 특성으로 하는 세계화와 달리 양자(bilateral) 과정으로서 국경의 정도, 국가의 주권 정도, 시장개방 정도에서 세계화와 차이점이 드러난다. 또한 자유화(liberalization)란 곧 개방화로서 국경을 초월한 이동에 대한 규제의 완화라는 소극적 의미를 담고 있다. 월러스틴의 개념인 세계체제화(global system)는 세계화에 대한 체제론(world-system theory)의 시각에 의한 중심부(core)와 주변부(periphery)의 고착화 과정이라 할 수 있다.

2. 세계화의 유형

세계화는 다양한 기준에 따라 여러 가지로 유형화할 수 있을 것이다. 먼저 상품이동과 자본이동 및 노동이동의 정도에 따라 옅은 세계화와 짙은 세계화로 나눌 수 있는데, 옅은(thin) 세계화란 대륙의 실크로드에 의한 교류, 신대륙 발견(1492)과 인도 항로 발견(1498) 시기의 해양의 교류 및 제1차 세계화(1870-1910) 시기에 해당한다. 두꺼운(thick) 세계화는 본격적 교류가 시작된 1910년 이후부터 현재까지를 말하는데, 그 정점은 브레튼 우즈 체제의 꽃인 WTO 체제이다. 세계화는 영역에 따라 정치적 세계화, 경제적 세계화, 문화적 세계화로 구분할 수 있는데, 정치적 세계화는 UN에 의한 보편적 세계화와 EU 및 NATO 등에 의한 지역적 세계화(regionalization)로서, 이는 시민권과 거버넌스 개념의 변모를 가져오고 있다. 경제적 세계화는 IMF-GATT 체제를 지나 WTO 체제에 이르는 보편적 세계화와 EU, NAFTA, AFTA 등 지역적 자유무역지대 및 양자 간 자유무역협정(FTA) 등 지역적 세계화를 포괄하는데, 경제적 세계화의 주요 변수는 직접투자 및 간접투자 등 자본의 이동과 해외취업 및 영구이민 등 노동의 이동이다.

또한 관점에 따라 긍정적 세계화와 부정적 세계화로 구분할 수 있는데(김관호, 2003), 효율의 극대화와 자원배분의 합리화, 규모의 경제, 자유무역의 이익 등은 긍정적 세계화의 측면들이고 후진국에 대한 선진국의 패권적 지배, 국가주권(sovereignty)의 침해, 자주적 국가정책의 제약, 대외의존도 심화, 비교열위 산업의 퇴출, 국가 및 계층 간 양극화 심화 등이 부정적 세계화의 측면들이다.

3. 세계화의 척도

국가 간 비교를 위한 세계화의 척도는 경제적 세계화 척도와 정치적 세계화 척도 및 여타 세계화 척도로 구분할 수 있다.

1) 경제적 세계화의 척도

경제적 세계화의 척도는 크게 상품이동과 자본이동 및 여타 이동 측면에서의 척도로 구분할 수 있다(김관호, 2003). 먼저 전통적 세계화의 지표일 뿐만 아니라 여전히 그 중요성이 인정되는 상품이동에서의 세계화 척도에는 물량척도로서의 교역도와 가격척도로서의 가격수렴도 등이 있다. 교역도(degree of trade)란 수출입을 합한 전체 교역규모를 국내총생산(GDP)으로 나눈 수치를 말한다(Frankel, 2000). 1999년도 우리나라 교역도는 0.77, 중국은 0.41, 싱가포르는 3.05, 세계 평균은 0.46이었다. 가격척도란 곧 가격수렴도(price convergence)로서, 이른바 일물일가의 법칙(law of one price)에 기초한 구매력 평가(PPP : purchase power parity)로 표시된다.

　자본이동 측면에서의 세계화 척도에는 물량척도인 총자본 교류도와 가격척도인 이자율 수렴도가 있다. 총자본 교류도는 내국인의 해외투자 규모와 외국인의 극내투자 규모를 합한 수치를 GDP로 나눈 것을 말하는데, 총자본 교류도는 경상수지 규모에서 대략 추산이 가능하고 자본교류를 결정하는 요인인 국내투자 규모와 국내저축 규모와의 관계에서 Feldstein-Horioka 방식에 의해 추산할 수도 있다. 가격척도인 이자율 수렴도(interest rate convergence)는 이자율에 관한 일물일가의 법칙(law of one price)에 기초한 금리평가(interest rate parity)로 표시된다.

　그 외 국가 간 임금격차에 의한 노동이동 측면에서의 세계화 척도는 이민자 수, 해외 취업인력 규모, 해외 수취소득 송금액의 추계로 산출할 수 있다. 또한 기술이동 측면에서의 세계화 척도는 외국인의 국내 특허등록 건수로, 정보이동 정도는 정보통신의 발전 정도와 인터넷 사용자 수 및 인터넷 호스트 수 등으로 표시된다. 그리고 국가간 교역장벽의 정도에 의한 세계화의 척도인 관세장벽과 비관세장벽의 정도는 수입 쿼터제와 상품 표준화의 정도와 물류요금 및 통신요금의 인하 추세로 알아볼 수 있다. 또한 경제적 국제기구 가입률과 운영 기여도, 양자 간 및 다자 간 자유무역협정 체결 건수, 상품·자본·노동 등 영역에서의 해외시장 개척 정도, 상품·자본·노동 등 국내시장 개방 정도도 경제적 세계화의 척도가 될 수 있다.

2) 여타 세계화의 척도

　먼저 정치적 세계화의 척도로는 정치적 국제기구 및 지역협력체 가입률, 기여도(재정), 조약가입도, 시민권제도(사증제도, 시민권 등 국적취득 제도) 구비 정도, 해외공관의 설치 정도, 편중 정도 및 국제규약과 표준규범의 반영도 등을 들 수 있을 것이다. 또한 사회적 세계화의 척도로는 문화(인종, 민족, 종교, 언어) 다양성과 표준화 정도와 교육 교류(해외 유학, 국내 유학) 정도를 들 수 있을 것 같다.

4. 해외진출로서의 세계화와 국내 개방으로서의 세계화

한 국가(country)의 시각에서 보면 세계화는 그 나라의 해외진출의 정도와 국내 개방의 정도로 구분할 수 있다. 곧 세계화에 대한 한국 정부의 대응방식은 해외진출 지원자로서의 대응방식과 국내 개방 지원자로서의 대응방식으로 구분할 수 있는 것이다. 아래에서는 이 구분법에 의한 각 대응방식의 성격을 알아보고자 한다.

II. 해외진출 세계화 지원자로서의 한국 정부

해외진출로서의 세계화를 지원하고자 한국 정부가 설치한 부처는 현재 외교통상부이다. 외교부는 정부의 외교, 조약, 대외경제, 재외국민, 국제정세의 조사 및 대외홍보에 관한 사무 관장을 위해 1948년 정부 수립 시 정부조직법에 의해 외무부로 출범하여 1998년 통상 및 통상교섭과 대외경제 관련 외교정책을 종합적으로 수립·시행할 수 있도록 외교통상부로 개편하고 통상교섭본부를 신설하여 현재에 이르고 있다. 해외진출 지원자로서의 한국 정부의 역할을 수행하는 부처인 외교통상부의 기능은 외교정책의 수립 및 시행, 외국과의 통상 및 통상교섭과 대외경제 관련 외교정책, 조약 및 기타 국제협정, 문화협력, 대외홍보, 재외국민의 보호·지원, 국제사정 조사 및 이민에 관한 사무를 관장하는 것이다. 현재 외교통상부에는 다자외교실, 지역담당부서와 조약국·문화외교국·재외동포영사국, 통상교섭본부 및 재외동포영사대사 및 대테러국제협력대사 등 하부조직이 있다. 통상교섭본부는 외국과의 통상에 관한 외교정책·통상교섭 및 그에 관한 총괄 조정기능과 대외경제 관련 외교정책의 수립·시행 및 종합·조정기능 수행을 위해 1999년 설치되어 자유무역협정추진단·다자통상국·지역통상국 및 국제경제국을 두고 있다.

　　산하기관으로 한국국제협력단법에 의해 1991년 4월 정부 출연기관으로 설립된 한국국제협력단(KOICA : Korea International Cooperation Agency)은 정부 차원의 대외 무상 협력사업을 전담 실시하는 기관으로서 우리나라와 개발도상국가와의 우호 협력관계 및 상호 교류를 증진하고 이들 국가들의 경제사회 발전을 지원함으로써 국제개발 협력을 증진하는 것을 그 목적으로 하여 국내 초청 연수, 전문가 파견, 해외봉사단 파견, 개발조사, 인프라 건축, NGO 지원, 재난복구 지원, 국제기구 협력사업 등 다양한 형태의 사업을 관장하고 있다.

　　또 다른 산하기관으로는 한국국제교류재단법에 의해 1991년 대한민국과 외국 간의 각종 교류사업을 통해 국제사회에서 한국에 대한 올바른 인식과 이해를 도모하고 국제적 우호친선을 증진 하고자 설치된 한국국제교류재단(Korea Foundation)이 있다. 1997년 재외동포재단법에 의해 설립된 재외동포 지원 전담기관 재외동포재단(OKF : Overseas Koreans Foundation)도 외교통상부의 산하기관이다.

한국 정부의 해외진출 지원은 기업을 위한 상품진출과 자본진출의 지원 및 인력의 해외진출 지원 등으로 구분할 수 있다.

1. 기업의 해외진출 지원자로서의 한국 정부

기업의 해외진출 지원은 통상부문 등 그 일반을 담당하는 외교통상부 외에 수출지원을 담당하는 지식경제부, 해외투자를 지원하는 기획재정부, 기술진출을 지원하는 교육과학기술부와 반송통신위원회, 문화진출을 지원하는 문화체육관광부, 해외유학을 관장하는 교육과학기술부 등에 의해 이루어지고 있다.

1) 상품진출 지원자로서의 한국 정부

상품수출은 가장 전통적인 해외진출 부문으로서, 주로 외교부는 통상과 해외시장 개척을 위한 정보제공을 담당한다. 외교통상부는 재외공관의 무역 및 투자유치활동 시책이나 각국 시장 관심 기업을 위한 설명회, 수출지원체제 운영, 통상투자활동 지원시책 등을 통해 상품수출 지원의 기능을 다하고 있다. 예컨대 재외공관의 무역 및 투자유치활동 강화방안(2002. 5. 2)과 외환위기 직후 급격히 위축된 수출의 진흥을 위한 기업의 통상투자활동 총력 지원책, 2001년 총력적 수출지원체제 운영 등이 있다.

외교통상부 안에서도 통상 일반을 관장하는 곳은 통상교섭본부이다. 통상교섭본부 다자통상국과 지역통상국, 국제경제국은 상품의 해외진출을 위한 통상 일반 사항을 담당한다.

상품진출의 가장 대표적 형태인 수출진흥을 담당하는 곳은 산업자원부이다. 산업자원부의 핵심 정책은 환위험관리 능력 제고와 전략적 해외시장 진출, 미래 수출동력 확충, 선진무역 인프라 구축을 통한 안정적무역투자 구조 구축과 외국인 직접투자 유치 등이다(www.mocie.go.kr). 산업자원부에서 수출과 해외시장 개척을 지원하는 부서는 무역투자정책본부이다. 산업자원부 무역투자정책본부는 외국인투자기획관(투자정책팀, 투자유치팀, 자유무역협정팀), 무역투자진흥관(무역정책팀, 국제무역전략팀, 수출입팀, 전략물자관리팀, 남북산업자원총괄팀), 통상협력기획관(통상협력정책팀, 구미협력팀, 아주협력팀, 중국협력팀, 전략경제협력팀)을 두고 있다.

해외투자 관련 금융지원제도에는 한국 수출입 은행에 의한 해외투자 자금(소요자금의 90% 이내), 외환은행 외화대출(소요자금의 70% 이내), 대외협력기금 해외투자 융자자금 등이 있다(무협, 중국 비즈니스 실무 가이드. 2000). 그 외 2007년 민관공동 에너지산업 해외진출협의회(산자부 주관) 및 민관 해외건설협력위원회(건교부 주관) 등 분야별 지원협의회 활성화, 각국시장 관심기업을 위한 설명회 개최 등 상품수출 진흥책이 있다.

2) 자본진출 지원자로서의 한국 정부

외교통상부가 담당하는 자본진출 일반과 관련된 통상 외에는 기획재정부가 그 지원기능을 맡고 있다. 지식경제부 무역투자정책본부(국내

〈표 9-1〉 상품수출 추이

(백만 달러, %)

연도	수출(FOB)		수출(L/C 내도액)		수입(CIF)		수출입차
	금액	증가율	금액	증가율	금액	증가율	금액
1994	96,013	16.8	64,314	15.7	102,348	22.1	△6,335
1995	125,058	30.3	72,926	13.4	135,119	32.0	△10,061
1996	129,715	3.7	69,733	△4.4	150,339	11.3	△20,624
1997	136,164	5.0	67,615	△3.0	144,616	?3.8	△8,452
1998	132,313	△2.8	56,915	△15.8	93,282	△35.5	39,031
1999	143,685	8.6	58,031	2.0	119,752	28.4	23,933
2000	172,268	19.9	61,869	6.6	160,481	34.0	11,786
2001	150,439	△12.7	53,270	△13.9	141,098	?12.1	9,341
2002	162,471	8.0	52,265	△1.9	152,126	7.8	10,344
2003	193,817	19.3	60,343	15.5	178,827	17.6	14,991
2004	253,845	31.0	72,426	20.0	224,463	25.5	29,382
2005	284,419	12.0	74,256	2.5	261,238	16.4	23,180
2006	325,465	14.4	90,199	21.5	309,383	18.4	16,082

출처 : 재정경제부. 「주요경제지표」. 2007. 11월호.

기업의 해외투자 및 해외진출 지원)도 그 일부를 담당하지만, 기획재정부의 국제업무정책관과 그 하부조직인 국제금융국과 경제협력국이 관련 기능을 주로 담당한다.

　　외교통상부의 각 대한민국 재외공관의 하부조직인 경제통상과는 경제사무에 관한 주재국 정부와의 외교 교섭과 국제협력, 주재국과의 통상분쟁의 사전예방 및 통상교섭, 주재국의 경제사정에 관한 조사·보고, 주재국에서의 시장개척 및 투자유치, 주재국에서 우리나라 기업의 활동 지원, 경제통상에 관한 국제기구와의 협력과 당해 기구의 활동에 관한 조사사·보고를 관장한다.

　여타 상품과 자본 등의 해외진출을 지원하는 연구개발 기관에는 산업연구원, 대외경제정책연구원, 한국건설산업연구원, 정보통신정책 연구원 등이 있다.

<표 9-2> 해외투자 추이

(단위 : 건, 백만 달러)

연도		1994	1995	1996	1997	1998	1999	2000	2001	2002	2003	2004	2005	2006
신고	건수	1,947	1,571	1,818	1,606	719	1,265	2,287	2,327	2,744	3,074	3,922	4,560	5,251
	금액	3,634	5,220	7,014	6,103	5,839	5,096	6,088	6,362	6,251	5,574	7,903	9,028	18,523
투자	건수	1,490	1,333	1,469	1,334	618	1,092	2,087	2,151	2,498	2,812	3,763	4,399	5,194
	금액	2,313	3,101	4,464	3,725	4,826	3,330	5,100	5,173	3,715	4,096	5,953	6,562	10,803

* 해외투자 통계방식 변경으로 2005년 12월부터 횟수 및 순투자 항목은 집계하지 않음(한 국수출입은행. 「수은해외경제」. 2007 11월호).

3) 여타 해외진출 지원자로서의 한국 정부

　통상과 영사업무 등을 통한 국내기술의 해외진출 지원은 외교통상 부도 일부 관장한다. 그러나 관련 통계는 물론이고 해외진출 지원은 주 무부서인 과학기술부가 핵심적 역할을 담당한다. 교육과학기술부 과학 기술협력이 주로 관장한다.

제9장

<표 9-3> 기술무역수지 추이

(단위 : 백만 달러)

	1998	1999	2000	2001	2002	2003	2004	2005
기술수출	141	193	201	619	638	816	1,416	1,625
기술수입	2,387	2,686	3,063	2,643	2,721	3,236	4,148	4,525
기술무역	-2,528	-2,879	-3,263	-3,262	-3,359	-4,052	-5,564	-6,150

자료 : 과기부. 기술무역통계 조사. 2006.

2. 인력의 해외진출 지원자로서의 한국 정부

노동의 해외이동, 곧 인력의 해외진출의 마지막 절차는 바로 영사 (migration)업무이다. 인력의 해외진출 형태에는 일시적 이동으로서의 해외취업과 해외유학, 해외주재, 해외여행 등이 있고 영구 이동으로서의 이민(immigration)이 있다. 이러한 일련의 해외이동에 동반하는 것이 바로 영사업무로서, 이는 외교통상부가 기본적으로 관장한다. 곧 외교통상부가 재외국민의 보호·지원, 국제사정 조사 및 이민에 관한 사무를 담당하는 것이다. 또한 소속기관인 대한민국 재외공관이 해외 현지에서 관련 업무를 담당한다. 신설된 재외동포영사대사는 재외동포에 관한 정책의 수립려·조정 및 협의·지원, 재외국민 보호에 관한 업무, 영사 서비스의 개선과 관련된 사항을 관장한다. 재외동포영사국에 재외동포심의관 및 영사심의관을 두고 있다.

〈표 9-4〉 해외이주자 추이

	해외이주 국내신고자	해외이주 현지신고자	계
총계 (1962-2006)	931,160	87,322+?	약100만여 명 이상
1962-2001	887,260	?	887,260+?
2002	11,178	11,879	23,057
2003	9,509	14,075	23,584
2004	9,759	19,879	28,862
2005	8,277	20,430	27,464
2006	5,177	21059	26,236
2002-6 소계	43,900	87,322	129,203

* 1962-1983간 집계는 보사부 ; 1984-1991간 집계는 외교통상부 ; 1992-1995간 집계는 한국국제협력단 ; 1996. 1월부터 집계는 외교통상부.
* 형태별 실적에는 국제입양(82,550명)이 포함되어 있지 않음.
* 해외이주적격결정제도 도입 : 1962. 8(해외이주법).
* 해외이주적격결정제도 폐지, 신고제 실시 : 1992. 1.
* 해외이주 국내신고자는 해외이주 목적으로 출국 전에 외교통상부에 신고한 자 ; 현지이주신고자는 외국거주 중 현지에서 영주권(또는 장기체류증)을 취득하고 현지의 재외공관에 해외이주를 신고한 자.
자료 : 외교통상부 홈페이지.

1) 해외취업 지원자로서의 한국 정부

해외취업 지원은 노동부 고용정책본부 사회 서비스 일자리 정책팀과 한국산업인력공단에서 수행한다. 먼저 최근 해외취업 촉진조치는 청년실업을 해소하기 위한 노력의 일환으로 청년층의 해외취업을 촉진하기 위해 2006년 3월 제4차 일자리 만들기 당정공동특별위원회에서 해외취업 촉진대책으로 수립된 바 있다. 이 대책에서는 간호사, IT인력, 비즈니스 전문가 등 해외구인 수요가 많은 직종에 대하여 지역별 맞춤형으로 인력을 양성하여 공급하고 해외 현지 취업설명회 개최, 홍보강화 등을 통해 해외 구인수요를 적극적으로 개척하며, 해외취업 통합전산망 구축 등 사전사후관리 시스템을 강화하는 내용을 포함하고 있다(『노동백서』, 2007). 또한 2006년 11월 21일에는 한국산업인력공단 주관 캐나다 해외취업설명회를 개최하였고, 12월 27일에는 해외취업정보통합관리 시스템을 개통하여 6개 부처별로 분산 수행하던 해외취업관련정보를 www.worldjob. or.kr로 통합관리하게 되었다.

그 이전에도 정부는 2003년 9월 청년실업종합대책을 수립하여 일자리 창출, 산학협력 등 장기대책과 공공부문 일자리 제공, 직장체험과 함께 해외취업 대책을 현재까지 지속적으로 추진하고 있다(『노동백서』 2006년).

2) 해외유학 지원자로서의 한국 정부

해외취업과 함께 인력진출은 정보습득을 위한 해외유학 등으로 이루어진다. 현재 해외유학의 관장부서는 교육과학기술부이다. 정부는 국제교육정보화국에 지식정보정책과, 지식정보기반과, 국제교육협력과·재외동포교육과가 관련 기능을 수행한다. 특히 재외동포교육과는 국외유학 정책 및 외국인 유학생 유치 정책, 국내에 유학 중인 외국인의 관리 및 정부초청 외국인을 위한 장학사업, 재외동포·유학생 등 국외 인적자원의 개발·활용을 담당한다. 교육인적자원부 정책조정관 소속 대외협력팀도 관련 사항을 관장하고 있다.

2007년 4월 1일 현재 대학생 이상 해외유학생 수는 21만여 명에 이르고 있는데, 학위 과정별로는 대학원 41,993명, 학부 81,972명, 어학연

〈표 9-5〉 대학생 이상 해외유학생 추이(4월 1일 기준)

연도	2003	2004	2005	2006	2007
유학생 수	159,903	187,683	192,254	190,364	217,959

〈표 9-6〉 국가별 대학생 이상 해외유학생 분포

연도	미국	중국	영국	호주	일본	캐나다	필리핀	뉴질랜드	기타	계
2006	57,940	29,102	18,845	16,856	15,158	12,570	9,500	8,882	21,511	190,364
(%)	30.4	15.3	9.9	8.9	8.0	6.6	5.0	4.7	11.2	100.0
2007	59,022	42,269	18,300	16,591	19,056	12,795	14,400	8,707	26,819	217,959
(%)	27.1	19.4	8.4	7.6	8.7	5.9	6.6	4.0	12.3	100.0

수 93,994명이다.

2006. 3. 1-2007. 2. 28 사이 국내 고교 이하 정규학교에서 유학목적 출국학생 및 해외에서 유학 후 귀국하여 국내 정규학교 편입학 학생 통계에 의하면 출국학생은 29,511명, 귀국학생 18,362명이며, 체류기간은 2년 미만 70.5%, 2-3년 12.8%, 3-5년 9.8%, 5년 이상 6.9% 등이다.

〈표 9-7〉 연도별·학교급별 출국 현황

학년도	초	중	고	합계
2002	3,464	3,301	3,367	10,132
2003	4,052	3,674	2,772	10,498
2004	6,276	5,568	4,602	16,446
2005	8,148	6,670	5,582	20,400
2006	13,814	9,246	6,451	29,511

<표 9-8> 연도별·학교급별 귀국 현황

학년도	초	중	고	합계
2002	5,351	1,803	1,201	8,355
2003	7,471	3,006	1,721	12,198
2004	9,676	3,097	2,190	14,963
2005	7,309	3,950	2,327	13,586
2006	10,536	4,851	2,975	18,362

<표 9-9> 2006학년도 원인별 출국 현황

구분	계	미인정유학	해외이주	파견동행	인정유학	자비유학
인원(명)	45,431	23,057	7,137	8,783	3	6,451
백분율(%)	100.00	50.8	15.7	19.3	0.0	14.2

순수 유학통계(29,511명) = 미인정유학+인정유학+자비유학
이상 자료 : 한국교육개발원 교육통계정보센터. 『2006학년도 초중고 유학목적 출국학생
및 귀국학생 현황』(2007).

3. 여타의 해외진출 지원자로서의 한국 정부

그 외 해외진출 영역에는 문화가 있다. 문화의 해외진출을 위해 외교통상부 문화외교국이 관련 업무를 관장하고 있다. 또한 국제문화교류의 증진과 우리나라의 문화홍보를 위하여 대한민국 재외공관에 문화원을 둘 수 있어서 프랑스, 뉴욕, LA, 일본 해외공관에 문화원을 두고 있다. 문화관광부는 각 영역을 산업으로 간주하여 컨텐츠진흥팀, 영상산업팀, 게임산업팀, 미디어정책팀, 방송광고팀, 출판산업팀, 국제문화협력팀,

예술정책팀, 공연예술팀, 전통예술팀, 저작권정책팀 등에서 제각기 해외 진출 지원을 적극 모색하고 있다(문화관광부, 2000).

III. 국내개방 세계화 지원자로서의 한국 정부

1. 상품시장 개방 지원자(규제자)로서의 한국 정부

현재 상품시장의 개방, 곧 수입촉진을 위한 제도는 없다. 다만 수출입을 묶어 대외무역에 관한 제도들이 있을 뿐이다. 대외무역법은 수출입에 대한 공정한 거래 질서를 확립하고자 제정되었는데, 수출규제보다 수입제한에 초점이 맞추어져 있다. 곧 조약과 일반적으로 승인된 국제법규에 따른 의무의 이행, 생물자원의 보호 등을 위하여 필요하다고 인정하면 물품 등의 수출 또는 수입을 제한하거나 금지할 수 있는 반면 외화획득용 원료 · 기재에 대해서는 특례를 부여하고 있다. 원산지 표시 대상 물품의 수출입에 대하여 원산지를 표시하도록 하고 있으며, 물품 등을 수입하려는 자에게 그 물품 등의 원산지 국가 또는 물품 등을 선적(선적)한 국가의 정부 등이 발행하는 원산지증명서의 제출을 요구할 수 있다. 원산지증명서를 위조 또는 변조하거나 거짓된 내용으로 원산지증명서를 발급받거나 물품 등에 원산지를 거짓으로 표시하는 등의 방법으로 외국에서 생산된 물품 등의 원산지가 우리나라인 것처럼 가장(가장)하여 그 물품 등의 수출과 외국판매를 금지하고 있다. 특정 물품의 수입증가로 인하여 같은 종류의 물품 또는 직접적인 경쟁 관계에 있는 물품을 생산하는 국내산업이 심각한 피해를 입고 있거나 입을 우려가 있음이 무역위원회의 조사를 통하여 확인되고 심각한 피해 등을 구제하기 위한 조치가 건의된 경우로서 그 국내산업을 보호할 필요가 있다고 인정되면 그 물품의 국내산업에 대한 심각한 피해 등을 방지하거나 치유하고 조정을 촉진하기 위하여 필요한 범위에서 물품의 수입수량을 제한하는 조치(수입수량제한조치)를 시행할 수 있고, 수입수량 제한조치에 대한 연장도 가능할 뿐만 아니라 특정국 물품에 대한 특별 수입수량 제한조치와 불공정한 수출입 행위의 금지도 가능하다.

대한민국의 법령 또는 대한민국이 당사자인 조약에 의하여 보호되는 특허권 · 실용신안권 · 의장권 · 상표권 · 저작권 · 저작인접권 · 프로그램저작권 · 반도체집적회로의 배치설계권 또는 지리적 표시 및 영업비밀을 침해하는 물품 등(지적재산권침해물품 등)에 관하여 지적재산권침해물품 등을 수입하거나 수입된 지적재산권침해물품 등을 국내에서 판매하는 행위, 지적재산권침해물품 등을 수출하거나 수출을 목적으로 국내에서 제조하는 행위, 원산지를 허위로 표시하거나 이를 오인하게 하는 표시를 한 물품 등, 원산지 표시를 손상하거나 변경한 물품 등, 원산지 표시를 하지 아니한 원산지 표시대상 물품 등의 수출입은 불공정무역행위로서 금지된다. 무역위원회는 불공정무역행위의 혐의가 있어 이를 조사할 필요성이 있는 경우에는 직권으로 조사하고 시정조치를 요구하거나 과징금을 부과할 수 있으며, 특정 물품의 수입증가로 인한 국내산업 피해의 조사신청도 가능하다. 또한 섬유 및 의류에 관한 협정에 의한 세이프가드조치와 서비스에 관한 세이프가드조치 등을 건의할 수 있다. 그리고 세계무역기구의 특정 회원국에 대한 특별 세이프가드조치와 외국과의 자유무역협정에 의한 세이프가드조치도 가능하다. 덤핑으로 인한 산업피해조사와 보조금 등으로 인한 산업피해 조사, 교역 상대국의 국제 무역규범 위반으로 인한 국내 산업피해의 조사도 할 수 있다.

불공정무역행위조사 및 산업피해 구제에 관한 법률에 의해 산업자원부에 무역위원회를 설치하여 공정무역행위에 대한 조사·판정, 수입승가·덤핑·보조금 등으로 인한 국내산업의 피해조사·판정, 산업경쟁력 영향조사 등에 관한 업무를 수행하게 하고 있다. 무역구제정책팀, 산업피해조사팀, 덤핑조사팀, 불공정무역조사팀을 하위조직으로 둔 무역위원회의 소관업무는 다음과 같다.

불공정무역행위의 조사·판정 및 잠정조치의 결정, 불공정무역행위를 한 자에 대한 시정조치 및 과징금 부과, 수입증가로 인한 국내산업 피해의 조사·판정, 세이프가드 조치 및 잠정 세이프가드 조치, 섬유 세이프가드 조치 및 잠정 섬유 세이프가드 조치, 서비스 세이프가드 조치, 특별 세이프가드 조치 및 잠정특별 세이프가드 조치, 자유무역협정 세이프가드 조치 및 잠정 자유무역협정 세이프가드 조치의 건의, 중간 재검토 또는 연장검토, 산업경쟁력 영향 등의 조사, 교역상대국의 국제 무역규범 위반으로 인한 국내산업 피해의 조사, 덤핑방지관세의 부과를 위한 산업피해의 조사개시 결정, 덤핑사실의 조사, 덤핑으로 인한 산업피해의 조사·판정, 덤핑방지조치의 건의, 재심사 등, 상계관세의 부과를 위한 산업피해의 조사개시 결정, 보조금 등의 지급사실의 조사, 보조금 등으로 인한 산업피해의 조사·판정, 상계조치의 건의, 재심사 등, 국제무역에 관한 법규·제도 및 분쟁사례 등의 조사·연구, 다른 법령에 의하여 무역위원회의 소관으로 규정된 사항, 기타 공정무역의 촉진 등 무역위원회가 필요하다고 인정하는 사항의 조사 및 건의 등이다.

제9장

지식경제부 기술표준원에 표준기술지원부를 두고 표준기술지원팀, 신기술인증지원팀, 기계건설표준팀, 전기전자표준팀, 화학세라믹표준팀 국내표준화와 수입품 표준화를 관장하고 있다.

2. 자본시장 개방 지원자(규제자)로서의 한국 정부

자본시장 개방지원 기능은 주로 산업자원부를 통해 이루어지고 있다. 외국인 투자자 지원의 모법인 외국인투자촉진법에 의하면 정부는 외국인 투자를 보호하고 외국인 투자의 자유화를 촉진하며 외국인 투자촉진시책을 수립하여 신주 등의 취득에 의한 외국인 투자와 기존 주식 등의 취득에 의한 외국인 투자, 합병 등에 의한 주식 등의 취득, 장기 차관 방식의 외국인 투자, 출연방식의 외국인 투자 등 유형별 외국인 투자에 대한 조세감면 등을 시행하고 있다. 외국인 투자에 대하여는 조세특례제한법이 정하는 바에 따라 법인세, 소득세, 취득세, 등록세, 재산세 및 종합토지세 등의 조세를 감면할 수 있게 하고, 국·공유재산 등의 임대 및 매각도 가능하게 하고 있으며, 지방자치단체도 외국인투자유치활동에 대해 지원하도록 되어 있고, 외국인투자지원센터, 외국인투자옴부즈만, 외국인투자진흥관실도 설치하게 되어 있다. 외국인투자에 대한 현금지원도 가능하며, 외국인 투자를 유치하면 포상금을 지급하게 되어 있다. 또한 외국투자가 등의 민원사무 처리에 관한 특례를 인정하여 외국인 투자지역의 지정·개발, 외국인 투자의 사후관리도 꼼꼼히 하도록 되어 있다. 기획재정부 안에 외국인투자위원회를 두고 있다. 경제자유구역 제도도 자본시장 개방을 위한 조치이다.

<표 9-10> 외국인 투자현황(총괄)

(단위 : 천 달러)

연도	신고	도착
1962	3,575	22,736
1963	5,737	-
1964	654	-
1965	21,824	-
1966	15,621	136
1967	28,272	98,426
1968	25,631	5,351
1969	48,579	3,072
1970	75,892	8,989
1971	40,246	1,378
1972	121,973	517,997
1973	318,151	4,537
1974	152,830	2,010
1975	207,317	5,984
1976	79,154	5,296
1977	83,626	142,943
1978	149,426	180,958
1979	191,300	195,285
1980	143,136	130,947
1981	153,161	151,814
1982	189,026	128,679
1983	269,424	122,506
1984	422,346	193,185
1985	532,197	236,066
1986	354,736	477,363
1987	1,063,327	625,537
1988	1,283,757	894,440
1989	1,090,279	812,315
1990	802,635	895,397
1991	1,395,996	1,179,800
1992	894,505	807,402
1993	1,044,274	739,358
1994	1,316,505	1,000,369
1995	1,947,868	1,362,319
1996	3,202,580	2,320,605
1997	6,971,138	3,091,153
1998	8,852,570	5,320,594
1999	15,531,418	11,001,453
2000	15,249,278	10,266,416
2001	11,285,948	5,072,779
2002	9,092,517	3,807,071
2003	6,470,503	5,112,494
2004	12,791,958	9,260,754

2005	11,563,488	9,593,320
2006	11,232,823	6,001,321
1962-2006	126,717,200	81,800,554

자료 :『수은해외경제』. 2007. 11월호.

3. 인력 개방 지원자(규제자)로서의 한국 정부

한국 정부는 관광진흥기금에 의한 관광진흥 시책에 의해 해외관광
객 유치에 매우 적극적이다.

〈표 9-11〉 내·외국인 입·출국 통계

연도별	외래객 입국		내국인 출국	
	입국자수(천명)	증감률(%)	출국자수(천명)	증감률(%)
1961	11	–	11	–
1971	233	–	260	–
1991	3,196	8.0	1,856	18.9
1992	3,231	1.1	2,043	10.1
1993	3,331	3.1	2,420	18.4
1994	3,580	7.5	3,154	30.3
1995	3,753	4.8	3,819	21.1
1996	3,684	−1.8	4,649	21.7
1997	3,908	6.1	4,542	−2.3
1998	4,250	8.8	3,067	−32.5
1999	4,660	9.6	4,342	41.6
2000	5,321	14.2	5,508	26.9

2001	5,147	−3.3	6,084	10.5
2002	5,347	3.9	7,123	17.1
2003	4,753	−11.1	7,086	−0.5
2004	5,818	22.4	8,825	24.5
2005	6,022	3.5	10,077	14.2

외래객 입국 : 1991-2005까지 연평균 4.6% 증가.
내국인 출국 : 1991-2005까지 연평균 12.8% 증가.

〈표 9-12〉 주요 국가별 입국 추이

(단위 : 천 명)

구분	2002	2003	2004	2005
총계	5,347	4,753	5,818	6,022
일본	2,321	1,803	2,443	2,440
중국	539	513	627	710
미국	459	422	511	531
대만	137	195	305	351
필리핀	216	217	213	223
러시아	165	168	157	144
홍콩	179	156	155	166
태국	74	78	103	113
말레이시아	83	91	94	97
싱가포르	79	76	85	82
캐나다	67	66	78	86
독일	60	59	69	75
영국	67	61	66	72
인도네시아	65	63	62	62
인도	53	50	57	58

제9장

<표 9-13> 관광수지 추이

(단위 : 백만 달러)

연도별	수입	지출	수지
1975	140	30	110
1977	370	103	267
1982	502	632	-130
1985	784	606	178
1986	1,548	613	935
1987	2,299	704	1,595
1988	3,265	1,354	1,911
1990	3,669	3,166	393
1995	5,587	5,902	-316
1998	6,865	2,640	4,225
1999	6,802	3,975	2,827
2000	6,811	6,174	637
2001	6,373	6,547	-174
2002	5,919	9,038	-3,119
2003	5,343	8,248	-2,905
2004	6,053	9,856	-3,803
2005	5,650	11,942	-6,292

* 2002년부터 한국은행 집계방식 변동으로 관광수입·지출은 2001년 이전과 단순 비교 불가(이상 자료 : 문화관광부. 「관광통계」. 2006).

또한 한국 정부는 외국인의 국내유학 유치에도 적극적으로 나서고 있다. 2007년 4월 1일 현재 국내 대학(교)에서 학위과정 및 어학연수 등으로 재학중인 외국인 유학생 수 조사에 의하면 총 49,270명이 재학 중인데, 학위 과정은 32,056명(65.1%), 어학연수 과정 14,184명(28.8%), 기

타 3,030명(6.1%)이다. 경비부담자별로 구분하면 자비유학이 42,273명
(85.8%)으로 가장 많고 대학초청 등이 6,997명(14.2%)이다. 지역별로는
아시아 45,622명(92.6%) 중에서 중국이 33,650명(68.3%)으로 가장 많다.

〈표 9-14〉 연도별 유학생 수

연도	2003	2004	2005	2006	2007
유학생 수	12,314	16,832	22,526	32,557	49,270

※ 2003년도까지는 전문대학, 4년제대학, 대학원대학에 재학중인 외국인 유학생 ; 2004년
도부터 전문대학, 4년제대학, 대학원대학, 원격대학, 각종학교에 재학중인 외국인 유학생

〈표 9-15〉 유학형태별 유학생 수

유학형태	2006	2007	증감
자비유학생	26,342	42,273	15,931
정부초청 장학생	614	581	-33
대학초청 장학생	3,892	3,706	-186
자국정부파견 장학생	465	511	46
기타	1,244	2,199	955
합계	32,557	49,270	16,713

〈표 9-16〉 주요 국가별 현황

국가	중국	일본	미국	베트남	대만	몽골	기타	계
유학생 수	33,650	3,854	1,388	2,242	1,047	1,309	5,780	49,270
비율(%)	68.3	7.8	2.8	4.6	2.1	2.7	11.7	100

자료 : 한국교육개발원 교육통계센터. 「2007년 국내 외국인 유학생 통계」.

관광수입 획득을 위한 해외관광객 유치는 물론 학비수입과 대한민국 이미지 제고를 위한 해외유학생 유치에도 적극적인 반면, 일반 근로자로서의 외국인 유치에는 매우 소극적이다. 대한민국에 입출국하는 모든 국민 및 외국인의 출입국관리와 대한민국에 체류하는 외국인의 체류관리 및 난민의 인정절차 등에 관한 사항을 규정하기 위해 출입국관리법이 일찍이 1963년 제정되었다. 국민의 출입국도 규정하면서 외국인의 입국 및 상륙, 체류와 출국을 꼼꼼히 규정하고 있는데, 외국인의 등록, 강제퇴거와 조사, 일시 보호, 출국권고, 고발과 통고처분을 할 수 있게 되어 있다.

입국하려는 외국인은 유효한 여권과 법무부가 직접 발급하거나 재외공관이 위임받아 발급한 사증을 소지하여야 하는데, 사증은 1회에 한하여 입국할 수 있는 단수사증과 2회 이상 입국할 수 있는 복수사증으로 구분된다. 단수사증의 유효기간은 발급일부터 3월이고, 외교(A-1)-(A-3) 복수사증은 3년 이내, 방문취업(H-2) 복수사증은 5년 이내, 복수사증 발급협정 등에 의하여 발급된 복수사증은 협정상의 기간, 상호주의 기타 국가이익 등을 고려하여 발급된 복수사증은 법무부 장관이 따로 정하는 기간 동안 유효하다.

대한민국 국적취득은 출생, 수반취득, 국적회복, 인지, 귀화에 의해서만 가능한데, 귀화에는 일반귀화, 간이귀화, 특별귀화가 있다. 귀화를 위해서는 귀화허가신청과 까다로운 귀화적격심사를 거쳐야 한다.

외국인 근로자의 고용 등에 관한 법률은 2003년에야 제정되었고, 국무총리 소속 하에 외국인력정책위원회를 두고 노동부장관은 외국인 근로자 도입계획을 입안하게 되어 있다. 외국인 근로자를 고용하려면 직업안정기관에 우선 내국인 구인신청을 하도록 하고 있다.

<表 9-17> 외국인 근로자 추이

| | 전체
외국인 노동자 | 취업비자 | 연수비자 | | 불법체류자 |
			해투연수생	산업연수생	
1991	44,850	2,978	–	–	41,877
1992	73,868	3,395	4,945	–	65,528
1993	66,919	3,767	8,644	–	54,508
1994	81,824	5,265	9,512	18,816	48,231
1995	128,906	8,228	15,238	23,574	81,866
1996	210,494	13,420	29,724	38,296	129,054
1997	245,399	15,900	32,656	48,795	148,048
1998	157,689	11,143	15,936	31,073	99,537
1999	217,384	12,592	20,017	49,437	135,338
2000	285,506	19,063	18,504	58,944	188,995
2001	329,555	27,614	13,505	33,230	255,206
2002	362,597	33,697	14,035	25,626	289,239
2003	388,816	200,039	11,826	38,895	138,056
2004	421,641	196,603	8,430	28,125	188,483
2005	345,579	126,497	6,142	32,148	180,792
2006	394,511	166,599	6,806	31,886	189,220

자료 : 법무부.

정부는 공식적으로는 처음 1991년 해외투자업체(해투) 연수제도를 도입하면서 주로 구인난에 시달리는 3D업종의 외국인력의 유치에 나섰다. 이어 1993년에는 외국인 산업기술연수제, 2000년 연수취업제, 2002년 해외교포를 위한 취업관리제, 2004년 기존 취업관리제를 흡수한 고용허가제, 2007년 산업연수생제를 흡수하여 고용허가제를 확대하는 시책으로 이어졌다. 2007년 말 현재 해외노동자 유치제도는 고용허가제와 연수취업제 및 해투 연수제도만이 존속되고 있다. 2006년말 기준 공식적 외국인 근로자는 약 40만 명이지만 사실상은 그 두 배 가까이 체류하고 있는 것으로 보인다. 외국인 근로자 추이는 앞의 〈표 9-17〉과 같다.

IV. 세계화에 대한 한국 정부 대응방식의 성격

이상에서 살펴본 바와 같이 한국 정부는 매우 적극적으로 세계화를 지원하고 있다. 세계화를 해외진출 지원과 국내개방 지원으로 구분하여 영역별로 주관하는 정부기관은 아래 표와 같다.

〈표 9-18〉 세계화 지원 관련 정부기관

구분	영역	주무부처
해외진출 지원	상품	외교부(통상), 지경부(수출)
	자본	외교부(통상), 기재부(통계)
	기술	외교부, 방통위(IT), 교과부
	인력	외교부(영사), 교과부(유학)
	문화	외교부, 문체부
국내개방 지원	상품	지경부(수입)
	자본	기재부(투자유지)
	인력	법무부(입국), 노동부(산업연수), 교과부

앞에서 살펴본 바에 따르면 한국 정부는 전반적으로 세계화에 적극적이지만 해외진출 세계화에 대해서는 적극적으로 지원하되 국내개방에 대해서는 소극적으로 지원하거나 규제하는 등 양면적 성격을 가지고 있다. 해외진출 세계화의 지원에 적극적인 것은 국내 자본을 지원하는 조합주의(corporatism)의 발현이고 국내개방 세계화의 지원에 소극적인 것은 신중상주의(neomercantilism)의 표현에 다름 아니다(김태수, 1993).

제9장

제 **5** 부

결론과 제언 –
세계 시민사회를 향하여

제10장
세계 시민사회의 실현

I. 사해동포주의의 실천

1. 좋은 사회의 구현

한때 좋은 사회론(Good Society)이 미국은 물론 유럽 일각에서 관심의 대상이 된 적이 있다. 막연한 개념으로 사용되는 좋은 사회와 별개인 사회과학적 담론의 대상으로서 좋은 사회론은 사회설계론의 시각에서 다양한 담론을 포괄하고 있다.

1) 좋은 사회론의 조류

에치오니는 다양한 발표를 통해 좋은 사회의 상을 제시하긴 했지만 좋은 사회론의 흐름에 대해서는 정연히 정리한 바가 없다. 다만 보수주의를 포함하는 자유주의적 좋은 사회론과 전체주의적 국가주의로 대별한 뒤 자신의 공동체주의 좋은 사회론을 자리매김하고 있다(2000a). 그 가운데서도 특히 자유주의 사회과학과 공리주의 경제학을 비판의 대상으로 삼아 그 대안으로 좋은 사회론을 전개하고 있다.

에치오니의 지적대로 좋은 사회론은 인류의 역사만큼이나 오래된 것이다. 에치오니는 다른 사람의 지적을 받아 좋은 사회론이 멀리는 그리스 철학까지 거슬러 올라간다고 보면서 특히 아리스토텔레스에 비중을 둔다(1996c : 155-171 ; 1999 : 88-103). 그러나 본격적 좋은 사회론이 영국식 계몽주의인 사회계약설에서 본격적으로 제기된 것으로 본다. 홉스를 자유주의에 선행하는 보수주의의 선구자로 보면서 로크와 루소, 아담 스미스, 밀을 대표적 자유주의자로 열거한다. 또한 노직과 롤즈 등 현대 사회계약 이론가들도 현대 자유주의자로 간주한다. 에치오니가 보는 좋은 사회론은 자유주의적 담론이 전부이다.

좋은 사회론이 학문적 주제를 넘어 사회적 화두가 된 것은 갤브레이스의 저서가 나오면서부터였다. 그러나 정작 갤브레이스는 그 용어의 기원은 1937년 나온 월터 리프먼(Walter Lippman)에서 빌려온 것이라 하였다(Galbraith, 1996). 제도주의 경제학자로 분류되는 갤브레이스는 그간 국가의 경제적 역할과 관련된 여러 작업을 정리하여 좋은 사회의 상을 제시하였다. 그는 평소에 생각했던 것들, 예컨대 이상적 사회로서의 좋은 사회를 빈곤퇴치로 보고 국가와 사회가 해야 할 경제적 기능은 물론 정치적 맥락까지 언급한다. 또한 규제의 기준을 제시하고 인플레와 재정적자, 환경문제, 이민문제, 교육, 소득분배, 군사력, 대외원조 등에 대한 관점을 정리하여 제목을 그렇게 붙인 것뿐이었다.

에치오니는 맑시스트 계열의 좋은 사회론에 대해서는 큰 관심을 보이지 않는다. 다만 그 사상적 기원으로 고려될 뿐이다(1996). 에치오니는 맑스가 사회질서를 허위의식으로 보았다고 하면서 그 해체를 좋은 사회로 보았다고 간단하게 정리한다(ibid). 그러나 맑스는 생시몽과 프루동 등 그 이전의 공상적 사회주의 등과 자신을 구분하기 위해 이른바 과학적 사회주의를 제창했지만 맑시즘은 자본주의에 대한 철저한 시각 속에서 충실한 이상사회론, 곧 좋은 사회론을 가정하고 있다(Burke & others). 맑스가 유토피아로 인간적 가치로는 인간의 자유(fredom, liberty)와 자존심(dignity), 공동체, 민주주의, 평등, 정의 등이었다. 레닌은 그러한 맑스의 좋은 사회론 실천을 추구했다(ibid.).

네오 맑시스트의 좋은 사회론은 매우 다양한 흐름을 보여준다. 대표적인 분석적 맑시스트인 라이트(Erik Olin Wright)는 초기의 철저한 계급분석 결과를 종합하여 다양한 형태의 현실적 유토피아, 곧 좋은 사회의 상을 제시한다. 라이트는 계급분석 결과 얻어진 불평등 문제의 해결을 위해서는 국가의 적극적 역할, 곧 거버넌스가 필요함을 주장한다. 이로써 좋은 사회가 실현될 수 있다는 주장이다.

그 외에는 약간 추상적인 이상사회를 좋은 사회로 보는 흐름들이 있다. 먼저 복지 및 평등과 자유 및 능률성의 조화, 복지국가의 재설계, 복지사회 비전과 복지전략의 재검토, 거시경제학에서 구조적 정책으로의 이행, 공격적이고 신국가주의적 노동복지의 구현, 복지를 통한 사회적 연대 및 시민의식의 회복, 민주적 거버넌스의 실현, 협력적 민주주의(associative democracy), 다양한 가치들의 조화 등을 실현한 사회를 좋은 사회라고 보는 흐름이 있다(Greve, 2000). 달(Robert Dahl)도 그동안 제시했던 사회설계 구상을 정리하여 막연히 좋은 사회로 부르고 있다(Dahl, 1990). 교육(Inglis, 2004), 헌정주의(constitutionalism) 개편 등 정치제도의 설계(Elkin & Soltan, 1993), 경제적 조정(Berliner, 1999) 등 다양한 분야의 정책이 실현된 사회를 막연한 개념의 좋은 사회로 규정하는 흐름도 있다.

2) 에치오니의 좋은 사회론

다양한 관점에서의 좋은 사회론이 전개되고 있지만 정작 그 개념적 작업이 미진한 가운데 그나마 가장 체계적으로 이루어지는 개념화 작업은 바로 에치오니가 맡고 있다. 에치오니는 방법론적 검토를 거쳐 스스로 거시사회학과 사회분석론 및 사회경제학이라는 자신의 시각을 설정하였다. 이러한 시각에 따라 공동체주의를 제창하면서 공동체주의를 근간으로 하는 제3의 길에 의해 좋은 사회 및 좋은 정체(polity)에 이를 수 있다고 확신하고 있다. 물론 그 이상형은 이스라엘의 키부츠(Kibbutz)이다.

누구도 정연히 정의한 바 없이 막연한 용어로서 사용되어 온 "좋은 사회"(good society)란 다분히 가치함축적 용어이다. 곧 사회과학적 용어로서의 좋은 사회는 사회학의 창시자로 꼽히는 꽁트 이래 주류가 되어온 실증주의 사회과학, 곧 가치중립적 사회과학이 아니라 사회문제론과 사회정책론 및 사회설계론 등을 포괄하는 사회가치론 분야에서나 사용되는 것이다.

좋은 사회를 둘러싼 논의, 곧 이른바 "좋은 사회론"의 개념적 위상을 검토하기 위해서는 실증주의 사회과학으로 통용되는 사회사실론과 함께 그 반대 위치에 서는 사회가치론과의 대비가 필요하다. 또한 사회적 개인과 가족 등 사회조직, 제도 등에 관심을 갖는 미시사회학 부류와 함께 공동체로서의 사회제도와 국가 및 세계 등 더 넓은 대상을 중시하는 거시사회학의 대비도 필요하다. 나아가 개인의 자유를 최고의 가치로 여기는 광의의 자유주의와 함께 평등의 가치를 상대적으로 더 강조하는 광의의 공동체주의 및 극단적 공동체주의인 국가주의의 검토가 필요하다.

사회학 계열에서의 좋은 사회론은 에치오니(Amitai Etzioni)에게 크게 빚지고 있다. 에치오니는 이념적 차원에서 자유주의(libertarianism)와 국가주의(statism) 모두를 반대하며 그 대안으로 공동체주의(communitarianism)를 제안하고 그 방법론으로 제3의 길(the third way)을 제시하고 있다. 그러한 제3의 길은 비교조직론에 적용되어 공리적(utilitarian) 조직과 강요적(coercive) 조직의 중용으로서의 규범적 조직(normative organization)에 대한 선호로 드러나고 있다. 또한 의사결정 모델에서도 자유주의적 합리주의(rationalism) 모형과 국가주의적 점증주의(incrementalism) 모형 모두를 배격하면서 그 절충안으로서 혼합모형(mixed scanning model)의 제시로 이어지고 있다.

3) 에치오니 좋은 사회론의 개요

(1) 좋은 사회의 개요
에치오니는 좋은 사회를 좋은 정체(good polity)로도 사용하면서 정체의 유도(guidance)가 중요하다고 주장한다(1991b). 좋은 정체란 도덕적으로 우월하고 바람직한(morally superior and desired) 것으로서 직접민주주의(direct democracy)와 부합한다. 정부는 사회구성원의 요구에 대응적(responsive)이어야 한다.

좋은 사회는 자유주의 이전의 상태, 곧 좋은 사람(good person)을 자유주의적 개념인 좋은 시민(good citizen)보다 더욱 선호한다(1999 : 88-103). 좋은 사회는 가치중립적인 단순한 다원주의(pluralism)와 달리 공유된 도덕적 이해, 곧 도덕적 담론(moral dialogue)을 중시한다. 또한 공유된 선의 구현(formulation)을 위해 제한된 사적 영역의 제한에 동의한다. 또한 문화의 맥락이 중요한데, 문화란 사회화 기관이 수행하고 사회적 강화(social reinforcement)를 내용으로 하며 가치가 강조되는 것으로 정의된다. 좋은 사회에서는 사회적(pro-social) 방향의 도덕이 중시되며, 사회적 맥락(fabric)에서 이루어지는 이성적(reasonable) 개인의 합리적 선택을 선호한다. 국가의 강제(state coercion)보다는 사회적 질서 안에서의 자유선택을 강조한다. 좋은 사회에서는 공식적이고 구조화된 사회제도가 특정의 가치체계를 구현한다는 점에서 중요한 도구가 된다. 좋은 사회는 단순히 시민적(civil)이라는 것 이상으로 부가적 장점(virtues)을 갖는다는 점에서 자유주의적 개념의 시민(civil)사회보다 포괄적인 개념이다. 그 장점은 두 가지로, 단순히 중개적 기능만 하는 자유주의적 한계를 넘어 가치를 지향하는 자발적 결사(voluntary association)와 숙의와 민주주의에 대한 열정(passion)이다.

에치오니는 좋은 사회의 성격을 분명히 하기 위해 시대적으로 선행하는 자유주의적 시민사회 및 개념적으로 대립하는 전체주의적인 처방적 국가(prescriptive state)와 대비시킨다(2000a : 355-377). 자유주의적 시민사회와 처방적 국가와의 중용적 위치에 있는 좋은 사회의 위상은 다음 표로 정리될 수 있다.

(2) 이상형으로서의 공동체(주의)

대응적 공동체에서는 이른바 역류적 공생관계(inverting symbiosis)에

〈표 10-1〉 중용으로서의 좋은 사회의 위상

	시민사회	좋은 사회	처방국가
철학적 기초	자유주의(롤즈)-다원성	공동체주의-가치지향	보수주의-종교적
구성원	시민(citizen) : 옅은(thin) 시민권	사람(person) : 소속 (membership)	시민+소속 : 강한(thick) 배타성
개인관	타락가능의 성선설 (good in nature)	계도적 성선설	성악설
덕목	개인적(온화, 관용, 자아통제, 비판적 사고, 공공성의 추구, 시민참여, 자원활동)	개인적+사회적(가족, 친구, 이웃, 공동체)	법의 준수
자원결사체	매개적 기능	가치구현 수단	(논의 불가능)
강조 가치	권리(right)	책임(responsibility)	의무(duty)

제10장

있는 구심적(centripetal) 질서(order)와 원심적(centrifugal) 자율성(autonomy)의 균형을 이룬다(1996). 공동체의 위계관계(community of communities)에 있어서 상위공동체는 하위공동체에 대해, 하위공동체는 구성원에 대해 대응적(responsive)이다. 이러한 대응적 공동체에서는 개인의 행동이 공동체 안에서 설명되고 공동으로 행동할 때 더욱 적절한 결과가 나타나며, 개인의 선택은 합리적 과정 외에 감정과 가치체계의 영향을 받을 뿐 아니라 집단의 동원과 연합형성의 틀 안에서 개인행동은 더욱 유효하다. 여기서 핵심적 개념은 좋은 사회에 적합한 소외와 전제정(tyranny)의 배격이다. 공동체란 구성원 사이의 감정적 관계의 망(web)이자 공유된 가치와 의미, 역사의식, 일체감 등 몰입요인이 작용한다. 그리고 대응성(responsiveness)이 추가되어야 한다.

에치오니는 공동체주의의 성격을 자유주의와 대비시킴으로써 분명히 한다(1996 : 155-171). 에치오니는 부버의 나와 너 관계에서 유추한 나와 우리(I & We) 개념에 착안하여 공동체주의는 사람(person)을 개인(individual)보다는 공동체 구성원으로 보며 권리(right)보다는 책임(responsibility)의 관점에서 바라본다. 이는 공동체주의가 서로 경쟁하는 힘 가운데 원심력보다는 구심력에 비중을 둠을 의미한다. 공동체주의는 자유주의가 선(good) 개념의 정의에 무관심하며, 개인만을 중시함으로써 국가의 중립적 개념을 중시하는 데 단호히 반대한다. 대신 공유된 가치체계와 선에 관한 엷은(thin) 이론을 중시한다. 또한 공동선(common good) 개념을 중시하며 개인적 권리보다는 사회적 책임을 강조한다. 오히려 두 개념을 상호 보완적으로 이해한다. 다수결원리에도 덜 충실하게 민주주의의 헌법적 요소에 주목한다. 자유주의의 합리주의적 경향과 보수주의의 비합리적이고 압박(impulse)에도 반대한다.

에치오니는 공동체주의에서의 공유된 가치체계가 정당성(legitimacy)의 원천임을 밝힌다(1998c : 183-192 ; 2001 : 356-371 ; 2006b : 45-49). 곧 가치체계(do's and don'ts)에의 자발적 순응(coluntary compliance)과 사회적(pro-social) 행동의 규범을 제공하며, 이것이 의(rightness)의 척도가 된다. 공동체주의에서는 칸트에서 롤즈에 이르기까지 그 의미를 강조하는 계몽주의적 개념인 숙의적(deliberative)이고 합리적 과정을 매우 중시한다. 이러한 실질적 합리성(substantive rationality)을 위한 가치담론(value/talk, moral dialogue) 과정을 통하여 이른바 문화전쟁(culture war)을 피할 수 있다.

(3) 방법론으로서의 제3의 길(the third way)

에치오니에게 있어 공동체주의와 함께 좋은 사회로 유도하는 중요한 수단은 바로 제3의 길이다. 에치오니는 좌파진영(the left)과 우파진영(the right)으로 나누어, 각각은 전체적 가치를 중시하는 유럽과 개인적 가치를 중시하는 미국과 부합한다고 하면서 양자를 절충하는 제3의 길이야말로 좋은 사회에 도달할 수 있는 방법으로 제시한다(2000b ; c). 이러한 제3의 길 개념을 가능하게 한 좌우 양분법은 물론 부버의 나와 너(I & Thou)에서 온 것이다. 좌파는 나보다는 너와 우리를 중시하는 반면 우파는 나를 중시한다고 본다. 좋은 사회는 개인을 수단이 아니라 자율성을 가진 목적으로 본다는 점에서 우파의 주장도 수용한다. 또한 좌파와 마찬가지로 공동체 및 국가와 시장과의 균형을 중시한다. 특히 정부는 좋은 사회의 중요한 파트너로서 강조된다. 결국 제3의 길은 공동체주의를 통한 좋은 사회에의 도달방법론이라 할 수 있다.

2. 좋은 거버넌스의 구축

1) 일반적 거버넌스의 실현

좋은 거버넌스의 요건으로는 먼저 규범적 성격을 갖는 일반적 개념의 거버넌스의 실현을 들 수 있다. 곧 계층제, 국가의 절대적 권위, 엄정한 법집행, 평등을 통한 동질성을 의미하는 전통적 통치를 벗어나 수평적 조정, 시민사회와 시장 영향력 선용, 갈등과 협력의 조정, 네트워크와 참여를 의미하는 범세계적인 신자유주의 및 공공관리론의 추세에 편승할 필요가 있는 것이다. 또한 네트워크식 국정운영 체계에 의한 시장적·참여적·신축적·탈규제적 국정운영의 구현, 최소국가, 기업지배구조, 신공공관리, 사회적 사이버네틱 체제, 자기 조직망에 의한 거버넌스 개념의 실현 자체가 좋은 거버넌스의 기초 요건이 된다고 할 수 있다.

2) 좋은 거버넌스의 지향

좋은 거버넌스에 대한 최초의 정의는 1989년 세계은행의 정의(World Bank, 1989)라 할 수 있다. 이에 의하면 경제적 의사결정에 대한 국가개입의 축소, 축소되고 효율적일 뿐만 아니라 투명한 공공행정 영역, 자유시장과 불필요한 공공지원의 제거, 세계경제로의 통합 지향 등이 곧 좋은 거버넌스의 요건이다. 이후 발전 화두의 진전에 따라 그 개념은 세계은행(World Bank, 1992 ; 1993 ; 1994)은 물론 원조제공 국가, NGO, 전문가 등에 의해 변용되었는데, 유엔에 의하면 좋은 거버넌스는 요컨대 경제적 자유화와 시장친화적 여건 조성, 의사결정의 투명성과 책임성, 민주적 개혁을 통한 정치적 자유화, 법의 지배와 부패의 제거, 시민사회의 진흥, 언론과 출판 등에 대한 기본적인 정치적 권리 등 기본적 인권의 도입, 교육 등 문화에 대한 장기적인 세계이해의 증진이라 할 수 있다(UNDP, 1995).

좋은 거버넌스론의 역사적 맥락을 살펴보면(Najem, 2003) 제2차 세계대전 이후 1950년대와 1960년대까지는 주로 신생국의 식민주의 극복이 그 핵심이었는데, 곧 민간영역의 낙후성으로 인한 발전과정과 생산수단 소유에 대한 국가의 강력한 의지, 국내시장의 보호 등 보호주의적 무역정책이 요체였다. 1970년대 들어 자유무역과 사유화 등 경제적 자유화로 개념의 축이 이동하였으며, 1980년대 들어 정치적 자유화와 정부 책임성 강화로 이어졌다. 이후 사회주의의 붕괴와 신생국 성장률의 둔화로 인한 국가주의의 퇴보가 주요 기류가 되었다. 최근에는 후쿠야마(Francis Fukuyama)의 낙관론 부류와 헌팅턴(Samuel Huntington)의 비관론(문명 충돌론) 부류로 대분되고 있다.

1989년 이후 좋은 거버넌스 촉진요인으로는 세계은행이나 IMF 등 원조기관의 강력해진 영향력과 자유무역 조류 등 경제적 세계화, 앰네스티와 UN의 전문기구 및 그린피스 등 사안별 국제적 NGO의 강력한 영향력, 위성통신 등에 따른 서구 문명의 주도성 강화, 만성적 문제로 인한 신생국 내부의 정당성 위기, 다양한 시민사회 동력의 출현(emergent social forces) 등으로 요약할 수 있다(Najem, 2003).

좋은 거버넌스를 정부개혁으로 이해하는 관점에 의하면 그것은 곧 투명성(transparency), 부패척결 등 순수성(integrity)과 주민의 요구에 대한 반응성(responsiveness), 생산성(productiveness) 향상으로 이해된다(Holzer & Kim, 2002). 또한 관료제의 재설계와 사회 엘리트의 변화지향성 제고, 빈곤퇴치를 통한 사회적 이동과 지방정부 개혁, 부패척결로 이해되기도 한다(Siddiqui, 2001). 다른 관점에서는 경제적 자유주의, 정치적 다원주의, 사회발전, 행정적 책임성, 공공부문 개혁으로 이해하기도 한다(Agere, 2000).

좋은 거버넌스의 핵심 요소는 책임성(accountability), 투명성, 부패척결, 이해당사자 참여, 사법적 틀의 구비로 요약할 수 있다(Agere, 2000). 촉진요소는 민주적 절차, 내각 의사결정의 강화, 정치행정적 개입, 지방제도의 개발, 옴부즈만 등 감시기관의 지원, 부패척결 수단 동원, 리더십과 정책개발 및 변화 유도, 공무원제도 개혁이다(Agere, 2000).

좋은 거버넌스에 관점은 대략 네 가지로 정리될 수 있다(Demmers & others, 2004). 첫째는 가장 주류에 가까운 것으로 관리적이고 기술적(technocratic) 관점에서 국가의 효율성(efficiency), 권위, 책임성(accountability)을 좋은 거버넌스로 본다. 둘째는 경제적 관점으로 곧 빈곤완화(poverty

제10장

alleviation)와 동일시 하며, 셋째는 정치적인 것으로 인권과 민주주의를 좋은 거버넌스로 본다. 넷째는 체제적 관점(systemic point)으로, 민주적 자본주의 체제(regime)를 의미한다. 좋은 거버넌스는 국가(지역)마다 상이한 양상을 보일 수밖에 없는데, 아시아의 경우 아시아적 기적을 일구었으나 재정위기 이후 새로운 좋은 거버넌스를 모색 중에 있다(Demmers & others, 2004). 이후 신자유주의는 사회적 절편화(fragmentation)와 불평등을 양산함으로써 좋은 거버넌스는 세계화 반대 운동으로 연결되어 그 반대 조류로 이해되기도 한다.

3) 좋은 거버넌스 상의 구현

세계은행은 거버넌스를 국가업무(nation's affairs) 관리를 위한 정치권력(political power)의 사용(exercise)으로 정의한 바 있다. 또한 좋은 거버넌스를 효율적(efficient)인 공공 서비스와 독립적 사법체계(judicial system), 계약의 강화를 위한 법적 틀(framework), 책임성(accountable) 있는 공공기금 행정, 대의적 입법절차에 책임지는 독립적 공공감사(independent public auditor), 정부수준에서의 법과 인권에 대한 존중, 다원주의적 제도 구조와 언론의 자유로 정의된다(Rhodes, 1996 : 652).

통상적 의미의 좋은 거버넌스는 두 가지 의미를 가지고 있는데, 곧 세계은행과 같이 협의의(narrower) 행정적(administrative)이고 관리적(managerial)인 차원과 민주주의 및 발전과의 관계에서 정의되는 광의의(wider) 정치적(political) 차원이 그것이다(Leftwich, 1994 : 365).

로즈는 거버넌스를 자율적으로 조직되는 조직 간 네트워크(self-organizing, inter-organizational network)로 정의하면서 권위적 자원배분 구조를 제어하고 조정함으로써 시장(market)과 계층제(hierarchy)를 보완하는 구실을 한다고 규정하고 있다(Rhodes, 1996 : 652). 독립적이고 공정한 사법체계를 갖춘, 효율적이고(efficient) 정직하며(honest) 개방적이고(open) 책임성 있는(accountable) 공공 서비스가 곧 좋은 거버넌스라는 것이다(Rhodes, 1996 : 656). 능률성(efficiency)을 위한 방법으로 세계은행은 경쟁(competition)과 시장의 강화(encourage), 공공기업의 민영화(privatization), 과잉 공무원의 감축에 의한 공직개혁, 예산규율(budgetary discipline)의 도입, 행정의 분권화, NGO의 활용을 권고하고 있다.

레프위츠는 거버넌스를 규율의 변화와 통치방식의 변화로 인한 기존 통치(government) 개념의 변화로 규정하면서 좋은 거버넌스의 세 가지 구성요소(strands)로 체제(systemic), 정치(political), 행정(administrative)을 구분하였다. 체제로서의 좋은 거버넌스는 민주적인 자본주의 체제(regime)를 의미하고, 정치적 의미에서의 좋은 거버넌스는 민주적 위임과 명백한 권력분산에서 오는 정당성(legitimacy)과 권위(authority)를 의미한다. 또 행정적 의미의 좋은 거버넌스는 어떠한 공공영역이든 잘 관리하고 적절한 정책을 설계·집행할 수 있는 관료제의 능력(bureaucratic competence)을 구비한 능률적(efficient)이고 개방적인 책임적 감사(accountable audit)를 받는 공공 서비스를 의미한다(Leftwich, 1994 : 371-2).

레프위츠는 세계은행의 좋은 거버넌스는 곧 건전한 발전관리(sound development management)와 동의어로서, 책임성(accountability)과 합법적 발전의 틀(legal framework for development), 정보공개(information), 투명성의 강조(insistence on transparency)를 포괄한다고 규정한다. 여기서 책임성이란 자신의 행위에 대한 공직자의 책임(responsibility)을 의미하고, 합법적 발전의 틀은 민간영역에 대해 투명성(clarity)과 예측가능성(predictability) 및 안정성을 제공하고 모두에게 공정(impartially fair)하게 적용되며 독립적 사법절차에 따라 갈등해결의 토대로 작용하는 것이다. 정보공개란 민간영역에게 매우 중요한 경제적 조건과 예산, 시장, 정부 의도에 관한 정보가 신뢰 가능하고 모두에게 접근 가능하다는 뜻이고, 투명성의 강조는 정책개발을 둘러싸고 정부와 사적 영역 사이의 협조과정(consultative process)을 촉진하고 부패를 억제하는 정부의 개방적이고 강화된 책임성(accountability)을 의미한다(Leftwich, 1994 : 372).

II. 신소외계층(급)으로서의 외래인에 대한 사회적 합의

1. 국내적 사회합의로서의 동서통합과
체제 간 사회합의로서의 남북통합

한국 사회가 외래인을 포용하는 세계 시민사회로 이행하기 위해서는 국내·외적으로는 사해동포주의를 구현함과 동시에 광범한 사회적 관심에 기초한 사회적 합의(social contract)를 형성해야 한다(김태수, 2006. 12). 이러한 사회적 합의는 국내적 사회합의와 체제 간 사회합의 및 세계적 사회합의로 구분할 수 있는데, 국내적 사회합의는 전통적 취약계층을 포용하는 이른바 동서통합이고 체제 간 사회합의는 신취약계층인 북한이탈주민을 포용하는 남북통합이다.

<표 10-2> 사회통합을 위한 사회적 합의유형

합의유형	통합 대상	포용 대상
국내적 사회합의	동서통합	전통적 소외계층의 포용+귀국교포의 포용
체제간 사회합의	남북통합	북한이탈주민의 포용+귀국교포의 포용
세계적 사회합의	내외통합	외국인 노동자와 다문화 이주민의 포용+귀국교포의 포용

1) 한국 사회 이데올로기적 대립의 상황

한국 사회의 이른바 '주요 모순'을 둘러싼 논쟁은 이미 1980년대 (박현채 · 조희연, 1989 ; 1990 ; 1991 ; 온누리 편집부, 1988 ; 이진경, 1988 ; 손봉국, 1992 ; 이유진, 1990 ; 박성현, 1989)에 다 끝난 것처럼 보였다. 이른바 '(한국) 사회구성체 논쟁'은 한국 사회를 구성하는 본질은 무엇이며, 특히 그 근본모순은 어떤 것인가에 관한 것이었다. 그러나 불행히도 그 문제의 틀(problematique)은 아직도 진행형이다(정성기, 2002 ; 2005 ; 서울대학교 통일 포럼, 2005 ; 최형익, 2003 ; 진석용, 1998).

개념적으로 보면 현재 한반도는 종(vertical)으로는 남북이 분열되어 있고 횡(horizontal)으로는 '남' 안에서 동서가 분열되어 있다. 그래서 현대판 삼국 시대라는 말이 있을 정도이다. 물론 여기서 종적 분열은 남북 간 이념대립을 뜻하고, 횡적 분열은 영남과 호남의 대립, 곧 계급갈등을 의미한다. 남북대립이 해방 이후 정치적 대립에서 출발한 대립이라면, 동서대립은 1987년 이른바 민주화 이후 표면화된 경제적 대립에 그 기초를 두고 있다. '동' 진영은 이념적 보수주의와 경제적 가진 자로서 단일의 범주를 구성하는 반면, '서' 진영은 다시 '민족해방'을 주장하는 NL계열(민족해방 : national liberation)과 '민중민주주의'를 주장하는 PD

계열(popular democracy)로 구분될 수 있다. 한반도 분열의 지형을 표로 나타내면 대략 다음과 같다.

〈그림 10-1〉한반도 분열의 지형

북		
서	NL	동
	PD	

남북대립과 동서대립은 서로 배타적이지 않아서 복잡한 양상을 전개한다. 논리적으로 볼 때 동서대립의 한 당사자인 '동'은 이른바 '가진 계급'으로서 남북대립의 한 당사자인 '남', 곧 보수적 자본주의 체제와 상통한다. 또 동서대립의 다른 한 당사자인 '서'는 '가지지 못한 계급'으로서 '북', 곧 진보적 사회주의 체제와 상통하는 것이다.

물론 한반도에는 현 체제의 변화를 원하지 않는 보수주의도 엄연히 존재한다. 개념적으로 남북대립과 동서대립의 각각 한축을 구성하는 '남'과 그 가운데 특히 '동'은 보수주의이다. 반면 남북대립과 동서대립의 각각 한축을 구성하는 '북'과 '서'는 논리적으로 진보주의를 견지한다. 물론 '북'의 통치집단은 실질적으로 보수주의로 분류될 수 있고, 같은 '남'이라도 '서'는 진보주의라고 할 수 있다. 그러나 대체로 '북'의 이데올로기는 진보주의로 통일되어 있는 데 반해 '남'은 보수와 함께 진보가 공존해 있는 것이다.

2) 한국 사회 이데올로기적 통합 방안의 검토

개념적으로 볼 때 남북대립의 당사자 가운데 '남'의 '동'은 한국 사회 내 대립의 존재 자체를 부인하거나 기껏해야 대립의 은폐 정도를 대안으로 제시한다. '북'은 가장 급진적인 대안으로서 국내 차원의 계급혁명과 국제 차원의 민족해방을 동시에 주장한다. 반면 '남'의 '서'에는 두 노선이 대립되어 있다. 곧 NL계열과 PD계열은 각각 남북대립과 동서대립을 주요모순으로 지적하며 '민족해방'과 '민중민주주의'를 각각 대안으로 제시하고 있다. 각 대립 당사자들이 제시하는 대안들은 다음 표로 정리될 수 있다.

〈표 10-3〉 분열극복의 대안 도출

구분			대안	
북			민족해방＋계급혁명	대안 1
남	서	NL	민족해방	대안 2
		PD	민중민주주의	대안 3
	동		(현 체제의 확대재생산)	대안 4

대안 1은 가장 극단적인 것으로서 완전한 민족해방과 계급혁명을 의미한다. 민족해방을 위해 분단의 주체인 강대국, 특히 미국으로부터의 총체적 독립을 주장한다. 또한 '남'에 남아 있는 계급문제를 일소하기 위해 계급혁명을 주장한다. 대안 2와 대안 3은 각각 남북분열과 동서분열을 주요 모순으로 보는 NL계열과 PD계열의 것들이다.

총체적 계급혁명과 완전한 민족해방을 핵심으로 하는 대안 1은 가장 근본적인 대안으로 보일 수 있다. 그러나 이상적으로 보이는 만큼이나 그 실현가능성은 매우 낮다. 이른바 '민족해방'은 한반도 주변의 4대 강국, 특히 미국의 동의 없이는 불가능하고, 인접한 이른바 브릭스제국 (BRICs : Brazil, Russia, India, China)의 하나인 중국과 러시아의 영향을 완전히 배제하기도 힘든 상황이다. 미국의 세력이 약화되는 이상으로 중국이 떠오르고 있고, 천연가스 등 에너지 공급원으로서도 러시아의 영향력을 무시할 수 없다. 또한 조선(민주주의인민공화국 : 아래에서는 국호를 '조선'이라고 약칭함)이 주체가 되어 한국(대한민국 : 아래에서는 국호로서 '대한민국'이라고 함)의 '계급혁명'을 유도하기는 현실적으로 어렵다. 그러한 계급혁명은 대한민국이 주체가 되어야 하는데, 대한민국은 우선 동서대립이 너무 강하여 이에 대한 어떠한 합의에도 이르기 어렵다.

NL계열이 주장하는 '민족해방'은 조선이 중국과 러시아 등 사회주의 강대국으로부터의 홀로서기를 추진하는 것을 전제조건으로 삼고 있다. 이와 동시에 대한민국도 미국과 일본 등 자본주의 강대국으로부터 완전한 '해방'을 추진해야 하는데, 이 또한 개방적 경쟁체제를 지향하는 자본주의적 세계화의 속성상 어려운 것은 물론이고, 국내적으로도 '민족해방'에 대한 어떠한 합의도 어렵다. PD계열이 주장하는 '민중민주주의' 또한 그 개념에 대한 기본적 합의는 물론 최소한의 충족조차도 대의민주주의 등에 의해서는 매우 어려운 실정이다. 민중민주주의 실현의 요체인 재벌해체, '노동해방', 지역격차 등 각종 차별시정 등도 정치적인 역학관계와 맞물려 아예 불가능하거나 매우 오랜 시간을 소요할 수밖에 없는 것이다.

한반도를 둘러싼 국제적 상황은 미국의 영향력 감소와 중국의 급성장, 중국견제를 위한 미일동맹 및 미국−대만 동맹의 강화, 이른바 신냉전 양상으로서의 중국과 러시아 및 몽골 등 이른바 대륙세력의 결속, 이른바 해양세력 또는 대륙세력과의 연대 가운데 양자택일을 강요당하고 있는 대한민국의 위상, 대륙세력의 다양한 지원과 대한민국의 경제적 지원 아래 강력한 대미 적대노선을 추구하는 조선의 행보로 요약될 수 있다.

미국과 중국과의 경쟁이 격화되는데도 남북대립 양상에는 큰 영향이 없다. 한중 우호의 증진과 한미관계의 불협화음으로 남북대립은 오히려 완화되는 것처럼 비친다. 대신 대한민국 안에서는 동서대립은 더욱 격화되고 있다. '동'은 한미동맹의 강화를, '서'는 대체로 '동북아 균형자'를 주문하고 있다.

일본과의 관계도 미국에 대한 대립 당사자의 인식과 거의 일치한다. 특히 독도 등 영토문제와 신사참배 문제 등이 불거지면서 일본과 관련하여 남북대립은 오히려 완화되는 양상이다. 영토문제 등 대일관계에 관해서는 외양상 동서대립도 없는 것처럼 보이지만 한미일 동맹에 대해서 '서'와 달리 '동'은 그 강화를 주장한다. '동'은 이념적 적대자인 중국과 러시아, 몽골, 조선 등 대륙세력에 대항하여 미국과 일본 및 대만을 중심으로 한 해양세력의 결집과 대한민국의 합류를 주장하는 것이다.

현재 대한민국의 국내상황은 정치판도로 가늠할 수 있다. 여당인 한나라당과 그 지지세력은 '동', 민주노동당 및 진보신당과 그 지지세력은 '서', 제1야당인 민주당은 그 중간쯤으로 상정할 수 있다. 이념적 대립이나 경제적 대립보다는 특정 지역주의에 기초한 군소정당인 자유선진당은 대략 '동'에 속한다고 할 수 있다. 대한민국의 국내 정치지형은 다음의 〈그림 10−2〉와 같다.

<그림 10-2> 대한민국의 정치지형

	⇐ 서		동 ⇒
NL	민주 노동당	민주당 (중도언론, 소외계층, '강북', 호남권)	한나라당 (보수언론, 기득권세력, '강남', 영남권)
PD	진보신당		자유선진당(충청권)

　　조선은 그간 국제적으로 '민족해방' 표어 아래 자력갱생(autarchy)에 치중한 나머지 국제연대, 특히 대미관계를 적대적으로 유지해 왔다. 그 결과 조선은 극심한 절대적 빈곤상태에 있어 핵개발을 중요한 국내외적인 주요 지렛대로 삼고 있다. 또한 현재 이라크 전쟁이 진행 중이어서 미국의 동시다발 침공이 어려운 데다가 인접국인 중국과 러시아의 암묵적 동의가 없이는 일방적 침공이 사실상 불가능하다는 사실을 잘 알고 있다. 또한 이전과는 달리 대한민국에는 조선에 우호적인 국민의 정부와 참여정부가 연이어 집권하여 남북대립 해소는 물론 동서대립 해소에도 적극적으로 나서고 있는 점을 매우 중시하고 있다. 금강산관광 프로그램과 개성공단 사업 등 각종 경제협력과 경의선 및 경원선 철도와 도로 연결, 이산가족 상봉, 장관급 회담 등 각종 교류와 협력이 대세를 형성해 가고 있다. 다만 위조지폐, 마약거래, 핵 및 미사일 기술 수출, 인권유린 의혹 등을 문제 삼는 미국과의 문제가 산적해 있긴 하지만 제2기 부시 행정부에 이은 오바마 행정부는 6자회담을 급진전시키고 있다.

3) 이데올로기적 통합방안의 검토 –
   미시사회적 합의와 거시사회적 합의

최소한 외양상으로는 현재 조선에는 경제적 대립은 물론 정치적 대립도 없다, 그러나 대한민국에는 내부적으로 경제적 대립에서 출발한 정치적 대립 및 각종 대립과 차별, 격차가 어지럽게 얽혀 있다. 이러한 대립은 독재정부 시절에는 그 형성기였거나 잠재해 있었다. 그러다가 1987년 이후 급격한 민주화의 진전으로 잠재해 있던 경제적 대립이 정치세력화 하면서 동서대립으로 표면화되었다.

국민의 정부는 외환위기를 초래한 문민정부를 교체하여 사회적 타협의 장치로 경제사회발전노사정위원회를 설치함으로써 동서대립의 근원인 경제적 격차의 완화를 꾀하였다. 다만 이 시기부터 표면화된 신자유주의 추세와 급격한 세계화 및 경제위기의 극복조치들로 인해 동서대립의 완화라는 목표를 달성하는 데는 크게 실패하였다. 또한 같은 해 사단법인 형태의 민족화해협력범국민협의회 등이 출범하여 남북대립의 해소에도 본격적으로 나서기 시작했다. 곧 미시적 사회합의 장치로서의 경제사회발전노사정위원회와 거시적 사회합의 장치로서의 민화협을 구비하기에 이른 것이다. 이로써 막연한 이상국가 형태로 상정된 '통일 복지국가' 가운데 '복지'라는 미시사회적 합의도출을 담당할 제도적 장치는 물론, '통일'이라는 거시사회적 합의도출을 담당할 제도적 장치까지 구비하게 되었다.

통일 복지국가를 위한 사회적 합의는 동서대립의 해소를 위한 미시사회적 합의와 남북대립의 해소를 위한 거시사회적 합의라는 두 가지

합의로 구성된다. 통일 복지국가를 향한 사회적 합의의 맥락은 다음의 〈그림 10-3〉으로 정리될 수 있다.

〈그림 10-3〉 통일 복지국가를 위한 사회적 합의의 맥락

북			
거시사회적 합의에 의한 통일국가			
서	NL	미시사회적 합의에 의한 복지국가	동
	PD		

이른바 '미국 모델'과 '스웨덴 모델', '강대국 모델'과 아일랜드, 네덜란드, 싱가포르, 스위스 등 '강소국 모델' 등을 놓고 논란이 한참 진행 중인 걸로 볼 때 현재 대한민국 안에서조차 이상국가 모델을 확정짓지 못하고 있다. '동'은 대략 '미국 모델의 강대국'을 바라고 있고, '서'는 '스웨덴 모델의 강소국'을 상정하고 있는 것 같다. 다만 막연하나마 '평화통일된 제3 이데올로기 표방국가' 정도는 대략 합의되어 있는 듯하다. 곧 '통일 복지국가'라 할 수 있다.

1998년 경제위기 국면이어서 가능하긴 했지만 경제사회발전노사정위원회의 출범으로 미시사회적 합의장치의 구비에는 일단 성공했다. 그러나 노자 간 계급타협 장치인 경제사회발전노사정위원회와 별개로 정파를 초월한 정치적 합의는 아직도 요원한 상황이다. 정치의 주체인 정당의 판도가 '가진 자'를 대변하는 보수 여당과 '가지지 못한 자'를 대변하는 중도 야당 및 진보 야당으로 구성되어 단지 경제적 토대만에 기초하지 않기 때문이다.

그러나 한반도의 장래를 위해서는 정파를 초월한 사회적 합의장치

가 있어야만 한다. 독일과 이탈리아 등 유럽제국의 경우 정치적 실권이 전혀 없거나 매우 약한 대통령이 그러한 정치적 합의를 제시하는 장치로 작동하고 있음에 주목할 필요가 있는 것이다. 경제사회발전노사정위원회를 중심으로 한 계급타협과 함께 정치적 합의를 도출할 장치가 구성되어 대한민국 내에서의 미시적 사회합의를 주도해야 할 것이다. 매우 어려운 일이긴 하지만 대략 범사회적 신망을 받고 있는 원로급으로 국가원로원을 생각해 볼 필요가 있다.

조선까지 포괄한 한반도의 미래상에 대해서는 어떤 합의는 물론 논의조차도 전혀 없는 실정이다. 한때 조선은 한반도의 '적화노선'에 집착한 반면, 대한민국은 '자유주의에 의한 흡수통일'을 포기하지 않아 그 이념적 대립은 해소의 기미가 전혀 불가능했다. 그러나 사회주의권의 붕괴로 인한 냉전체제의 완전한 종식과 독일의 통일, 무한경쟁을 요체로 하는 범지구적 세계화와 중국의 급성장 등에 의한 '민족공조' 동인의 강화, 미국의 약화와 일본의 친미적 우경화, 대한민국 정부의 '동북아균형자 지향적 대륙중시' 추진, 조선 경제상황의 악화 등으로 남북대립 완화의 불가피성이 대세로 굳어지기 시작했다. 이에 따라 한반도의 장래에 대한 남북 간 논의의 필요성이 제기되고 2000년 남북정상회담에 이은 제2차 정상회담이 2007년 10월 2일부터 4일까지 열렸다.

이제 동서 간 미시적 사회합의 장치의 구비와 함께 남북 간 거시적 사회합의 장치가 필요한 때이다. 우선 남북정상회담이 열려 큰 틀을 마련해야 할 것이다. 이미 나온 문익환 목사의 연방제통일안과 김대중 전 대통령의 남북연합 통일방안, 조선의 연방제통일안, 김영삼 전(前) 대통령이 제안한 3단계 통일방안 등을 고루 검토할 제도적 장치가 필요한 것이다.

대한민국 안에서의 미시적 사회합의와 남북간 거시적 사회합의는 이제 동시에 입체적으로 추진되어야 한다. 이는 국내외적으로 매우 험난한 과정이지만 이미 그 싹은 마련되었다

2. 국내외 통합으로서의 세계적 사회합의

외래인을 포용하는 세계 시민사회가 되기 위한 마지막 사회적 합의는 곧 내외통합으로서, 이는 곧 세계적 사회합의라고 할 수 있다. 이 세계적 사회합의는 외국인 노동자와 다문화 이주민의 포용을 핵심으로 하면서 귀국교포까지 포용하는 통합이다.

미국과 유럽 등 선진국은 물론 여타 OECD 회원국에 비해 외래인에 대한 사회적 배제의 정도가 심한 한국이 이러한 세계적 사회합의를 주도할 가능성은 거의 없다. 다만 UN 사무총장을 배출한 국가로서 세계적 경제위상에 걸맞게 외래인의 차별을 금지하는 기본적 국제협약에 즉시 가입해야 한다. 나아가 전향적인 국제협약 가입을 적극 검토하고, 외래인 포용을 위한 새로운 국제기구 주도를 검토할 필요가 있다.

이러한 국제적 노력과 함께 국제수준에 맞도록 국내법도 손질하여야 한다. 출입국관리법을 과감히 개정하고, 외국인 노동자 관련 법령도 그 모델에 대한 진지한 검토를 해야 할 것이다.

그래서 현재 부인할 수 없는 다민족·다인종·다문화 국가로서 외래인을 포용했던 과거의 전통을 부활함과 동시에 경제위상에 걸맞는 포용정책을 구사하며, UN 사무총장을 배출한 국가로서 사회적 배제국가에서 과감히 탈피할 뿐만 아니라 오히려 선도적인 외래인 포용국가로 가

야 할 것이다.

참·고·문·헌

강신욱 외. (2005).『사회적 배제의 지표개발 및 적용방안 연구』. 한국보건사회
　　연구원.

강원택 · 정병기. (2006).『이념갈등과 사회통합-영국과 독일의 경험을 중심으
　　로』. 한국여성개발원.

강인수 외. (2005).『국제경제학원론』. 박영사.

강청기. (1987). 고려대학교.『고대문화』. 27집. 13-23.

경남대 극동문제연구소 편. (2005).『남남갈등 진단 및 해소방안』. 경남대 출판
　　부.

구동수. (2000).『북한의 해외동포정책 연구』. 고려대 정책대학원.

국가인권위원회. (2002).『국내 거주 외국인 노동자 인권실태 조사』.

菊本義治 저. 강석규 역. (1985).『현대 자본주의의 모순』. 풀빛.

국회인권포럼. (1999).『북한이탈주민의 사회적응 현황과 정책방향』.

권화섭. (2000).『한국 경제의 갈등구조』. 한경PC라인.

김근세 외. (2005).「한국 고용지원서비스의 거버넌스에 관한 연구」.『한국행정
　　학보』. 39 (2). 181-206.

김낙중. (1989).「민족모순과 계급모순」.『사회와 사상』. 7집. 한길사. 136-139.

김병모. (2004).「허황옥은 사천성을 거쳐 김해로 들어왔다-한민족의 뿌리를 찾
　　아서」.『월간조선』. 25-4. 334-350.

김병호. (2003).『우리의 잃어버린 역사를 찾아서-우리의 조상은 북방에서 온
　　기마민족이 아니었다』. 서울 : 하서출판사.

김안나. (2007). 「유럽연합(EU) 사회적 배제 개념의 한국적 적용가능성 연구-사회적 배제 측정을 위한 지표개발을 중심으로」. 한국유럽학회 편. 『유럽연구』. 25-1. 351-379.

김영수. (2004). 『시민단체의 갈등중재 역할』. 한국학술정보.

김영춘 외. (2005). 『남북한 통합과 통일인프라 확장방안』. 통일연구원.

김용원. (2007). 『노동경제학의 이해』. 대구대 출판부.

김용찬. (2000). 「남북한의 재외동포정책」. 한국민족연구원 편. 『민족연구』.

김유배. (2006). 『노동경제학』. 박영사.

김이선 외. (2006). 『여성 결혼이민자의 문화적 갈등 경험과 소통증진을 위한 정책과제』. 한국여성개발원.

김재광. (2007). 『사회갈등시설법론』. 한국학술정보.

김정렬. (2001). 「거버넌스와 행정국가」. 『한국행정학회 동계발표논문집』.

김주한. (1998). 『서양의 역사-갈등의 2천 년』. 역사교양사.

김진욱. (2000). 『계층 간 갈등상태에서 최적소득세』. 집문당.

김태경. (2006). 『주택공급정책에 있어 사회적 통합에 관한 연구』. 경기개발연구원.

김형찬. (2002). 「독일 울리히 벡 인터뷰」. 동아일보.

김호기. (2007). 『현대 비판사회이론의 흐름』. 한울.

김홍상 외. (2004). 『농업부문 사회갈등의 실태와 관리방안 연구 : 한·칠레 FTA 등의 사례를 중심으로』. 한국 농촌경제연구원.

나태준. (2004). 『갈등해결의 제도적 접근 : 현행 갈등관련 제도 분석 및 대안』. 한국행정연구원.

노병일. (2006). 『취약지역의 사회적 배제』. 다운샘.

노영돈. (2003). 『재외동포법 개정방향에 관한 연구』. 해외교포문제연구소 편. *OK Times*. 113호.

대통령자문지속가능발전위원회. (2005). 『공공갈등 관리의 이론과 기법(상)』. 논형.

대통령자문지속가능발전위원회. (2005). 『공공갈등 관리의 이론과 기법(하)』. 논형.

류재원 외. (2004). 『외국인 연수취업제의 정책적 효율성에 관한 연구』. 중소기협.

류지웅. (2006). 『북한이탈주민의 '사회적 배제' 연구-소수자의 관점에서』. 한국학중앙연구원 박사논문.

매일경제신문사 기획취재팀. (2006). 「다원화 사회에는 통합과 상생이 경쟁력」.

문정인 외. (2002).『남북한 정치갈등과 통일』. 오름.

문진영. (2004).「사회적 배제의 국가 간 비교연구-프랑스, 영국, 스웨덴을 중심으로」. 한국사회복지학회 편.『한국사회복지학』. 56-3. 253-277.

문화관광부. (2000).『한국 문화산업의 해외진출 전략 연구』.

민족통일연구원 편. (1998).『남북한 사회통합-비교사회론적 접근』.

민족통일연구원 편집부. (1995).『지역갈등 해소방안 연구』.

민족통일연구원 편집부. (1997).『북한사회의 계급갈등 연구』.

박기현. (2007).『우리 역사를 바꾼 귀화 성씨-우리 땅을 선택한 귀화인들의 발자취』. 서울 : 역사의 아침.

박능후. (1999).「사회적 배제극복을 위한 근로연계 복지정책의 효과성」.『한국사회보장학회 추계학술발표회 논문집』.

박단사. (1988).「계급모순과 민족모순의 사적 고찰」. 단국대학교『단원』. 18집. 298-325.

박성조. (2005).『좌파 우파 간의 갈등을 넘어』. 법문사.

박성현. (1989).「사회구성체방법론의 실천적 의의」. 고려대학교 편.『고대문화』. 31집. 20-37.

박종철. (2004).『통일 이후 갈등해소를 위한 국민통합 방안』. 통일연구원.

박진. (1996).『남북한 경제통합시의 경제.사회 안정화 대책』. 한국개발연구원.

박진근. (2004).『국제경제학』. 박영사.

박찬석. (2001).『남남갈등 대립으로 끝날 것인가』. 인간사랑.

박찬석. (2003).『통일교육-갈등과 분단을 꿰뚫는 평화의 길찾기』. 인간사랑.

박현채 · 조희연 편. (1989).『한국사회 구성체 논쟁 I-80년대 한국사회 변동과 사회구성체 논쟁의 전개』. 죽산.

박현채 · 조희연 편. (1990).『한국사회 구성체 논쟁 II-현단계 사회구성체 논쟁의 쟁점』. 죽산.

박현채 · 조희연 편. (1991).『한국사회 구성체 논쟁 III-논쟁의 90년대적 지평과 쟁점』. 죽산.

박홍엽 외. (2007).『공공갈등-소통, 대안 그리고 합의형성』. 르네상스.

배무기. (1990).『노동경제학』. 경문사.

배무기. (2005).『노동경제학』. 경문사.

배손근. (1998).「사회통합과 참여형 복지사회」. 목포대학교 사회복지연구소 편.

『사회복지연구』. 2. 1-22.

배순석 외. (2006).『도시 주거공간의 사회통합실현 방안 연구』. 국토연구원.

배응환. (2003).「거버넌스의 실험 : 네트워크조직의 이론과 실제」.『한국행정학보』. 37(3). 67-93.

배정호. (2006).『동북아지역의 갈등 협력과 한반도 평화구축을 위한 대외전략』. 통일연구원.

법무부. (2003).『출입국관리 40년사』.

법제처. (2002).『남북법제개선 연구보고서』.

북한이탈주민후원회. (2001).『북한이탈주민 사회적응 실태 조사보고서』.

서울대학교 통일포럼. (2005).『21세기에서 바라본 80년대 사회과학 논쟁』.

서진영. (1998).『세계화 시대의 사회통합』. 나남.

선남이. (2007).『외국인 노동자의 사회적 배제원인 분석』. 경기대 행정대학원.

선학태. (2004).『갈등과 통합의 정치』. 심산.

선한승 외. (2005).『사회갈등과 노동제도-정책공동체 모형을 중심으로』. 한국노동연구원.

손동권 외. (1996).『출입국관리와 치안대책의 효율화에 관한 연구』. 한국형사정책연구원.

손봉국. (1992).「사회구성체 일반론과 한국사회구성체 논쟁과정에 대한 일고찰」. 공안문제연구소 편.『공안연구』. 20집. 114-141.

송기도 외. (2006).『사회통합과 균형성장. 나남.

송복. (1990).『한국사회의 갈등구조』. 현대문학.

송복. (2002)『사회불평등 갈등론(상)』. 한국학술정보.

송복. (2003)『사회불평등 갈등론(하)』. 한국학술정보

송복. (2003).『한국사회의 갈등구조』. 경문사.

신광영. (2004).『한국의 계급과 불평등』. 을유문화사.

신동천 외. (2006).『사회경제통합의 이론과 실제』. 한국학술정보.

신명호. (2001).「세계화와 사회적 배제」. 한국도시연구소 편.『도시와 빈곤』. 48. 5-19.

신창현. (2005).『갈등영향 분석 이렇게 한다』. 예지.

신행철 외. (2001).『한국사회의 계급연구』. 아르케.

심창학. (2001).「사회적 배제 개념의 의미와 정책적 함의-비교관점에서의 프

랑스를 중심으로」. 한국사회복지학회 편. 『한국사회복지학』. 44. 178-208.

심창학. (2003). 「빈곤문제 해결을 위한 새로운 패러다임-사회적 배제 극복정책의 국가별 비교」. 한국유럽학회 편, 『유럽연구』. 18. 209-238.

심창학. (2005). 「유럽연합(EU)의 사회적 배제 극복 정책-변천과정을 중심으로」. 동국대학교 행정대학원 편. 『행정논집』. 30. 127-157.

안기성 외. ((1998). 『남북통일 이후 사회통합을 위한 교육의 역할』. 집문당.

양춘. (2005). 『사회계층론서설』. 민영사.

오세윤. (2006). 「균형적 거버넌스의 바람직한 모형-민주주의 원칙을 중심으로」. 『한국행정학회 하계세미나 발표논문집』.

오태규. (1992). 『한국 경제의 모순과 비판 : 위기극복의 정책제안』. 동방원.

온누리 편집부 편. (1988). 『동아시아 사회성격 논쟁』. 온누리.

외교통상부. (2004). 『외교백서』.

외교통상부. (2003). 『재외동포 현황』.

외교통상부. (2007). 『재외동포 현황』.

원숙연. (2008). 「다문화주의 시대 소수자 정책의 차별적 포섭과 배제-외국인 대상 정책을 중심으로 한 탐색적 접근」. 『한국행정학회 하계세미나 발표논문집』.

유길상 외. (2004). 『외국인력제도의 국제비교』. 한국노동연구원.

유병곤. (2006). 『갈등과 타협의 정치-민주화 이후 한국 의회정치의 발전』. 오름.

유재원 · 소순창. (2005). 「정부인가 거버넌스인가? 계층제인가 네트워크인가?」. 『한국행정학보』. 39(1). 41-63.

윤덕룡 · 강태규. (1997). 「탈북자의 실업과 빈부격차에 의한 갈등 및 대책」. 『통일연구』 제1권 2호.

윤인진 · 이진복. (2006). 「소수자의 사회적 배제와 사회통합의 과제-북한이주민의 경험을 중심으로」. 한국사회연구소 편. 『한국사회』. 7-1. 41-92.

윤인진. (2000). 「탈북과 사회적응의 통합적 이해-국내 탈북자를 중심으로」. 『현대북한연구』. 3권 2호.

윤인진. (2003). 「북한의 재외동포 정책」. 해외한민족연구소 편. 『한민족 공동체』. 11집.

윤인진. (2006). 「북한 이탈주민에 대한 이해-귀순용사, 탈북자에서 이탈주민까지」. 『미션 매거진』 2006. 1. 6일 제19호.

윤진호 외. (2004).『한국경제의 개혁과 갈등』. 인하대 출판부.

이경숙 · 윤여상. (2005).『재외탈북자 실태 및 향후 입국전망』. 북한인권정보센터.

이경용 · 김동노 역. (2006).『사회학 이론의 발달사-사회사상의 변증법적 과정』. Irving M. Zeitlin. *Ideology and the Development of Sociological Theory*. 한울 아카데미.

이기영. (2006).『북한이탈주민의 사회통합을 위한 지역복지실천의 모색』. 집문당.

이명석. (2001).「신공공관리론, 신거버넌스론, 그리고 김대중 정부의 행정개혁」.『한국행정학회춘계학술대회발표논문』.

이명석. (2002).「거버넌스의 개념화」.『한국행정학회』. 36(4). 321-338.

이상광. (2002).『사회법』. 박영사.

이상안. (2005).『공동체 사회통합론』. 박영사.

이선복 외. (1997).『한국 민족의 기원과 형성(상)』. 서울 : 소화.

이선복 외. (1996).『한국 민족의 기원과 형성(하)』. 서울 : 소화.

이성언 외. (2006).『다문화 가정 도래에 따른 혼혈인 및 이주민의 사회통합을 위한 법제지원방안 연구』. 한국법제연구원.

이수연. (2006).『국민통합 및 평등사회 구현을 위한 정책연구』. 한국여성개발원.

이온죽 외. (1997).『남북한 사회통합론』. 삶과꿈.

이온죽. (1996).『통일시대 민족통합의 정신적 구심점 및 사회통합의 하부구조』. 세종연구소

이유진. (1990).「남한의 사회구성체론」. 수원대학교 편.『수원대문화』. 제6집. 88-99.

이인재 외. (2006).『통합적 사회정책 대안 연구』. 한신대 출판부.

이재경. (2002).『전환기 한국사회와 이익갈등의 정치』. 한울아카데미

이종원. (2005).「거버넌스 논의의 이론과 실제, 참여민주주의의 이상」.『한국행정학회 동계세미나 발표논문집』.

이종호. (2007).『우리 시대 이념갈등과 뿌리』. 쿠북.

이종호. (2009).「한민족은 단일민족 아니다」.『주간조선』. 2039(2009.1.19). 38-39.

이진경. (1988).『사회구성체론과 사회과학방법론-한국사회 성격논쟁에 부쳐』.

아침.

임을출. (2005). 『웰컴투 개성공단』. 해남.

전영평 · 이곤수. (2005). 『지역혁신 거버넌스에 대한 실증 분석』. 「한국행정학회 하계학술대회발표논문」.

전재경. (2005). 『공공개발에 따른 갈등해소를 위한 법제개선 방안』. 한국법제연구원.

정성기. (2002). 『탈분단의 정치경제학과 사회구성−사회구성체 논쟁의 부활과 전진을 위하여』. 한울.

정성기. (2005). 「80년대 한국사회구성체논쟁, 또 하나의 성찰적 재론」. 『역사비평』. 71집. 34−66.

정진호. (1999). 『한국의 직장이동에 관한 연구』. 서울대 경제학박사논문.

정태환. (2003). 『한국의 정치사회적 갈등』. 일신사.

제성호. (2003). 「한반도 통일과정에서 해외동포의 역할」. 『아리랑』. 135호.

조기선. (2003). 『재외동포법을 둘러싼 정치적 갈등과 개정방향』. 전남대 행정대학원.

조명철. (2005). 『개성공단 진출기업생산제품의 해외수출 가능성 및 확대방안』. 대외경제정책연구원.

조성한. (2005). 「거버넌스 개념의 재정립」. 『한국행정학회 동계세미나 발표논문집』.

조성환. (2002). 『한반도 평화와 통일의 21세기적 논리의 모색』. 민주평화통일자문회의.

조영석. (2003). 「갈등 조정기제로서의 협력적 지역거버넌스에 관한 연구−주민기피시설의 갈등사례를 중심으로」. 『한국행정학회 하계세미나 발표논문집』.

조우현. (1998). 『노동경제학』. 법문사.

조우현. (2007). 『노동경제학』. 법문사.

조정남 · 유호열 · 한만길. (2004). 『북한의 재외동포정책』. 집문당.

조정아 외. (2006). 『북한이탈주민(새터민)의 문화갈등과 문화적 통합 방안』. 한국여성개발원.

조한범. (2007). 『남남갈등 해소방안 연구』. 통일연구원.

주재복. (2006). 『갈등유형별 협력적 로컬 거버넌스의 구축방안』. 한국지방행정연구원.

진석용. (1998). 「마르크스 사회구성체이론의 재구성-예비적 고찰」. 대전대학교 사회과학연구소 편. 『사회과학논문집』. 28집. 111-124.

채원호. (2001). 「참여형 정책분석과 거버넌스」. 『한국행정학회 추계세미나 발표논문집』.

최길상. (1992). 『노동이동에 관한 실증적 연구』. 청주대 경제학박사논문.

최동희. (1999). 『남북한-갈등, 공존, 통일』. 사회문화연구소.

최문형. (2007). 『갈등과 공존-21세기 세계화와 한국의 가치관』. 경인문화사.

최영인 외. (2005). 『사회갈등이론과 급진범죄학이론』. 백산출판사.

최진학 외. (2006). 「로컬거버넌스 시스템으로 본 주민자치센터의 문제점과 그 원인」. 『한국행정학회 춘계세미나 발표논문집』.

최형익. (2003). 「1980년대 이후 한국 맑스주의 지식형성의 계보학-사회구성체 논쟁과 민중민주주의(PD)론을 중심으로」. 『문화과학』. 34집. 195-213.

통일교육센터. (2005). 『2005 학교통일교육발전 워크숍 자료』.

한국교육개발원. (2004). 『교육계 갈등의 본질과 갈등해결 방안』.

한국노동이론정책연구소 편. (2003). 『다시 '한국사회의 구성과 성격'에 대하여』.

한국사회학회. (1999). 『민족통일과 사회통합-독일의 경험과 한국의 미래』. 사회문화연구소.

한국산업사회학회 편. (2001). 『남북간 대립 사회체제의 동요와 새로운 갈등구조의 이해』. 한울.

한국정신문화연구원 편. (1997). 『형성과 창조 3-사회통합과 민족통일의 비전』.

한국정치.사회학회. (2007). 『한국사회의 새로운 갈등과 국민통합』. 인간사랑.

한국철학회 편. (2007). 『차이와 갈등에 대한 철학적 성찰』. 철학과현실사.

한귀현. (2004). 『행정상의 갈등해소를 위한 법제개선방안 연구』. 한국법제연구원.

한승준. (2008). 「동화주의 모델 위기론과 다문화주의 대안론-프랑스의 선택을 중심으로」. 『한국행정학회 하계세미나 발표논문집』.

한준 · 설동훈. (2006). 『한국의 이념갈등 현황 및 해소방안』. 한국여성개발원.

한홍렬 편. (2003). 『갈등과 협력의 정치경제』. 한양대 출판부.

홍두승 외. (1993). 『사회계층 · 계급론』. 다산출판사.

홍석률. (2001). 『통일문제와 정치 사회적 갈등 : 1953-1961』. 서울대 출판부.

Aaron, Raymond. (1994). Is Multinational Citizenship Possible? Brian Turner & Peter Hamilton (eds.). *Citizenship : Critical Concepts*. London : RKP. vol. I. pp. 279−291 ; originally in *Social Research*. vol. 41. 1974. pp. 638−656.

ADB. (2003). *Technical Assistance (Cofinanced by the Governance Cooperation Fund) to the People's Republic of Bangladesh for Supporting Good Governance Initiatives*. Manila : ADB.

Adhyay, Asok. (1999). *Reinventing Government for Good Governance*. New Delhi : Indian Institute of Public Administration.

Agere, Sam. (2000). *Promoting Good Governance : Principles, Practices and Perspectives*. London : Commonwealth Secritariat.

Alba, Richard D. & Nee, Victor. (2005). *Remaking the American Mainstream : Assimilation and Contemporary Immigration*. Harvard Univ. Press.

Amin, Samir. (1995). Fifty Years Is Enough! *Monthly Review*. 46−11. 8−50.

Anderson, Gunnar. (1994). *Criticism and the History of Science : Kuhn's, Lakatos's and Feyerabend's Criticism of Critical Rationalism*. New York : E. J. Brill.

Ayer, A. J. (ed.). (1959). *Logical Positivism*. New York : Free Press.

Bardone, L. & Stanton D. (2003). *Experience of Developing Indicators in the Social Protection Committee's Indicators Sub Group*. Lisbon : Social Protection Statistics.

Beck, W. & others (eds.). (1998). *The Social Quality of Europe*. Bristol : The Policy Press.

Bello, Walden. After the IMF and Bank Are Gone. *Left Business Observe*.

Berliner, Joseph S. (1999). *The Economics of the Good Society : The Variety of Economic Arrangements*. Malden, MA : Blackwell Publishers.

Berman, Y. & Phillips, D. (2000). Indicators of Social Quality and Social Exclusion at National and Community Level. *Social Indicators Research*. NO. 50.

Bhatt, Anil. (1995). Asian NGOs in Development : Their Role and Impact. Heyzer, N. & J. V. Riker & A. B. Quizon (eds.). (1995). *Government−NGO Relations in Asia : Prospects and Challenges for People−Centered Development*. Kuala Lumpur : Asian and Pacific Development Center. 77−89.

Bhattachary, Mohit. (1999). *Conceptulising Good Governance*. New Delhi : Indian Institute of Public Administration.

Botchwey, K. et al. (2000). *Fighting Corruption, Promoting Good Governance : 5 Commonwealth Expert Group on Good Governance and the Elimination of Corruption*. London : Commonwealth Secritariat.

Bradshaw, J & others. (2000). The Relationship between Poverty and Social Exclusion. Paper Presented for the 26th General Conference of the International Association for Research in Income and Wealth. Poland.

Brubaker, William R. (1994). Immigration, Citizenship, and the Nation−State in France and Germany : A Comparative Historical Analysis. Brian Turner & Peter Hamilton (eds.). *Citizenship : Critical Concepts*. London : RKP. vol. II. pp. 310−340 ; originally in *International Sociology*. vol. 5. 1990. pp. 379−407.

Burchardt, T. & Le Grand, J. & Piachaud, D. (1999). Social Exclusion in Britain, 1991−1995. *Social Policy and Administration*. 33−3. 227−244.

Burke, John P. & others (eds.). *Marxism and the Good Society*. Cambridge Univ. Press.

Byrne, D. (1999). *Social Exclusion*. Buckingham : Open University Press.

Carnap, Rudolf. (1963). *Replies and Systematic Exposition : The Philosophy of Rudolf Carnap*. Open Court Press.

Castle, S & Miller, M. J. (2003). *The Age of Migration : International Population Movements in the Modern World*. N.Y. : The Guilford Press.

Cleveland, Harlan. (1981). *Managing a Nobody−in−Charge World : Governing a Pluralist World*. New York : Aspen Institute of Humanistic Studies.

Coetzee, J. K. & J. Graaff & F. Hendricks & G. Wood (eds.). (2001). *Development : Theory, Policy and Practice*. Cape Town : Oxford Univ. Press.

CSIS (Canadian Security Intelligence Service). (2000). Anti−Globalization : A Spreading Phenomenon. Report#2000/08. Perspectives, www.csis.gc.ca.

Dahl, Robert A. (1990). *After the Revolution? : Authority in a Good Society*. Yale Univ. Press.

Delmartino, Frank & others (eds.). *Regional Pluralism and Good Governance : Problems and Solutions in ASEAN and EU Countries*. Baden−Baden : Nomos.

Demmers, Jolle & others (eds.). Good Governance and Democracy in a World of Neoliberal Regimes.

Demmers, Jolle & others (eds.). *Good Governance in the Era of Global Neoliberalism :*
Conflicts and Depolitisation in Latin America, Eastern Europe, Asia and Africa.
London : Routledge.

EC Commission. (1992). *Toward a Europe of Solidarity : Intensifying the Fight against*
Social Exclusion. Fostering Integration. Brussel.

Edwards, Michael & David Hulme. (1995a). NGO Performance and Accountability :
Introduction and Overview. Michael Edwards & David Hulme (eds.). *Non Gover-*
nmental Organizations—Performance and Accountability : Beyond the Magic Bullet.
London : Earthscan. 3—16.

Edwards, Michael & David Hulme. (1995b). Beyond the Magic Bullet? Lessons and
Conclusions. Michael Edwards & David Hulme (eds.). *Non Governmental Orga-*
nizations—Performance and Accountability : Beyond the Magic Bullet. London :
Earthscan. 219—228.

Elkin, Stephen L. & Karol E. Soltan (eds.). (1993). *A New Constitutionalism : Designing*
Political Institutions for a Good Society. Chicago Univ. Press.

Etzioni, Amitai. (1964). Social Analysis as a Sociological Vocation. *The American Jo-*
urnal of Sociology. Vol. LXX. No. 5.

Etzioni, Amitai. (1966a). War and Disarmament, in Robert K. Merton and Robert A.
Nisbet (eds.). *Contemporary Social Problems*, rev. (ed.). New York : Harcourt,
Brace & World.

Etzioni, Amitai. (1966b). Social Analysis as a Sociological Vocation, in Arthur B. Sho-
stak (ed.). *Sociology in Action.* Homewood, Ill. : Dorsey Press.

Etzioni, Amitai. (1967). World Government and Supranationalism, in Robert A.
Dentler (ed.). *Major American Social Problems.* Chicago : Rand McNally.

Etzioni, Amitai. (1968a). Social Analysis and Social Action. *The American Behavioral*
Scientist. Vol. XII. No. 1 (September—October).

Etzioni, Amitai. (1968b). Mobilization as a Macro—Sociological Conception. *The Bri-*
tish Journal of Sociology. Vol. XIX. No. 3.

Etzioni, Amitai. (1968c). Societal Guidance : A Key to Macro—Sociology. *Acta Socio-*
logica Scandinavian Review of Sociology. Vol. 11.

Etzioni, Amitai. (1969). Social Analysis and Social Action, in L. Horowitz (ed.). So-

ciological Self—Images : A Collective Portrait. Beverly Hills, California : Sage Pub-
lications.

Etzioni, Amitai. (1970). Toward a Macrosociology, James S. Coleman, Amitai Etzioni
and John Porter. *Macrosociology : Research and Theory*. Boston : Allyn and Bacon.

Etzioni, Amitai. (1971a). Violence, in Robert K. Merton and Robert Nisbet(eds.).
Contemporary Social Problems. New York, Chicago, San Francisco : Harcourt
Brace Jovanovich, Inc.

Etzioni, Amitai. (1971b). Shortcuts to Social Change, Paul B. Horton & Gerald R.
Leslie. *Studies in the Sociology of Social Problems*. New York : Appleton Century
Crofts.

Etzioni, Amitai. (1971c). Social Analysis as a Sociological Vocation, in Edward A.
Tiryakian(ed.). *The Phenomenon of Sociology*. New York : Appleton Century
Crofts.

Etzioni, Amitai. (1973a). Politics : The Great Shaman, *Readings in Social Problems '73/
'74*(Sluice Dock, Guilford, Ct. : The Dushkin Publishing Group, Inc.).

Etzioni, Amitai. (1973b). *Readings in Social Problems, '74/'75*(Sluice Dock, Guilford,
Ct. : The Dushkin Publishing Group, Inc.).

Etzioni, Amitai. (1974a). Health Care and Self—Care : The Genetic Fix, *Readings in
Social Problems '74/'75*(Sluice Dock, Guilford, Ct. : The Dushkin Publishing
Group, Ind.).

Etzioni, Amitai. (1974b). Human Beings Are Not Very Easy To Change After All
Annual Editions Readings in Social Problems '74/'75(Sluice Dock, Guilford, Ct. :
The Dushkin Publishing Group Inc.).

Etzioni, Amitai. (1976a). *Social Problems*. Englewood Cliffs, New Jersey : Prentice—
Hall. 임춘식 역. (1985). 『사회문제』. 유풍출판사.

Etzioni, Amitai. (1976b). Old People and Public Policy. *Social Policy*. Vol. 7. No. 3.

Etzioni, Amitai. (1977a). No Place to Go. *Readings in Social Problems '77/'78*(Sluice
Dock, Guilford, Ct. : The Dushkin Publishing Group, Inc.).

Etzioni, Amitai. (1977b). Toward a Macrosociology—Elements of a Theory of Socie-
tal and Political Processes, in Donald M. Freemen(ed.). *Foundation of Political
Science*. New York : The Free Press.

Etzioni, Amitai. (1981). Social Progress vs. Economic Progress. *Social Policy*. Vol. 10. No. 5.

Etzioni, Amitai. (1985). On Solving Social Problems—Inducements or Coercion? *Challenge*. Vol. 28. No. 3 (July—August 1985).

Etzioni, Amitai. (1986). I and We : The Case for the Open Community. *The National Social Conscience Conference Proceedings, The Peter E. Heller Program for Analysis of Social Policy Issues*. November 21—22.

Etzioni, Amitai. (1987). Entrepreneurship, Adaptation and Legitimation : A Macro-behavioral Perspective. *Journal of Economic Behavior and Organization*. Vol. 8.

Etzioni, Amitai. (1988). I & We : The Case for the Responsive Community. *Social Justice Research*. June 1988. Vol. 2. No. 2.

Etzioni, Amitai. (1991a). Beyond Self—Interest, David L. Weimer (ed.). *Recent Economic Thought Series : Policy Analysis and Economics, Developments, Tensions, Prospects*. Kluwer Academic Publishers, Norwell, MA.

Etzioni, Amitai. (1991b). The Good Polity. Can We Design It? *American Behavioral Scientist*. Vol. 34. No. 5. Amy B. Cohen, Brett Gary, and John Noakes (eds.). Sage Publications, Newbury Park, CA.

Etzioni, Amitai. (1991c). Policy Implications of Socioeconomics. *Handbook of Behavioral Economics*. Stanely Kaish and Benjamin Gilad. (series eds.). Volume 2A. Roger Frantz, Harinder Singh and James Gerber (volume eds.). JAI Press Inc., Greenwich, CT.

Etzioni, Amitai. (1991d). Socio—Economics : The Next Steps. Amitai Etzioni and Paul R. Lawrence (eds.). *Socio—Economics : Toward a New Synthesis*. M. E. Sharpe, Inc., NY.

Etzioni, Amitai. (1991e). Socio—Economics Revisited. *Sociological Inquiry*. Dennis L. Peck (ed.). Vol. 61. No. 1. University of Texas Press.

Etzioni, Amitai. (1993). *Public Policy in A New Key*. New Brunswick, NJ : Transaction Publishers.

Etzioni, Amitai. (1996a). The Responsive Community : A Communitarian Perspective : Presidential Address. *American Sociological Review*.

Etzioni, Amitai. (1996b). A Moderate Communitarian Proposal. *Political Theory*. Vol.

24. No. 2.

Etzioni, Amitai. (1996c). Moral Dialogues : A Communitarian Core Element. *Debating Democracy's Discontent : Essays on American Politics, Law, and Public Philosophy.* Anita L. Allen and Milton C. Regan, Jr., editors (Oxford, England : Oxford University Press).

Etzioni, Amitai. (1998). Voluntary Simplicity : Characterization, Select Psychological Implications, and Societal Consequences. *Journal of Economic Psychology.* No. 19.

Etzioni, Amitai. (1999). The Good Society. *The Journal of Political Philosophy.* Vol. 7. No. 1.

Etzioni, Amitai. (2000a). Law in Civil Society, Good Society, and the Prescriptive State. *Chicago Kent Law Review.* Vol. 75. No. 2.

Etzioni, Amitai. (2000b). The Third Way to a Good Society. *Sociale wetenschappen* (44e jaargang 2001 nummer 3). 5.

Etzioni, Amitai. (2000c). *The Third Way to a Good Society.* London : Demos.

Etzioni, Amitai. (2001a). The Monochrome Society. *Policy Review* No. 105.

Etzioni, Amitai. (2001b) *The Monochrome Society.* Princeton : Princeton University Press.

Etzioni, Amitai. (2001c). On Social and Moral Revival. *The Journal of Political Philosophy.* Vol. 9. No. 3.

Etzioni, Amitai. (2006a). The Unique Methodology of Policy Research. The Oxford Handbook of Public Policy.

Etzioni, Amitai. (2006b). Transnational Moral Dialogues. *Social Science and Modern Society.*

EU Commission. (2002). *European Social Statistics : Income, Poverty and Social Exclusion.* Luxemburg : Office for Official Publications of the EU.

EU Commission. (2003). *Joint Report on Social Inclusion.*

European Commission. (2004). *Joint Report on Social Inclusion 2004.*

Falk, Richard. (1987). The Global Promise of Social Movements : Explorations at the Edge of Time. *Alternatives.* 12. 173–196.

Falk, Richard. (2003). Recasting Citizenship. Roland Robertson & Kathleen E. White (eds.). *Globalization : Critical Concepts in Sociology.* vol. 3. London : RKP. pp. 93–

109 ; originally in Richard Falk. *Predatory Globalization : A Critique.* London : Polity Press. 1999. pp. 153−166.

Falk, Richard. (2003a). Resisting "Globalization−from−above" through "Globalization−from−below". Roland Robertson & Kathleen E. White (eds.). *Globalization : Critical Concepts in Sociology.* vol. 6. London : RKP. 369−377 (Originally from Richard Falk. Predatory *Globalization : A Critique.* Cambridge : Polity Press. 1999. 127−136).

Falk, Richard. (2003b). The Monotheistic Religions in the Era of Globalization. Roland Robertson & Kathleen E. White (eds.). *Globalization : Critical Concepts in Sociology.* vol. 6. London : RKP. 425−437 (Originally from *Global Dialogue.* 1−1. 1999. 139−148).

Feyerabend, Paul. (1975). *Against Method : Outline of an Anarchistic Theory of Knowledge.* NLB.

Friedman, John. (1984). Agropolitan Development : A Territorial Approach to Meeting Basic Needs. Korten, David & Klaus, R. (eds.) (1984). *People−Centered Development : Contributing toward Theory and Planning Frameworks.* West Harford : Kumarian Press. 210−222.

Galbraith, John Kenneth. (1996). *The Good Society : The Humane Agenda.* Boston : Houghton Mifflin.

Giddens, Anthony & Will Hutton. (2001). Fighting Back. Giddens & Hutton (eds.). *On the Edge : Living with Global Capitalism.* London : Vintage. 213−223.

Ginther, Konrad & others (eds.). (1995). *Sustainable Development and Good Governance.* Boston : Martinus Nijhoff.

Gordon, Milton M. (1964). *Assimilation in American Life : The Role of Race, Religion and National Origins.* Oxford Univ. Press.

Goss, S. (2001). *Making Local Governance Work : Networks, Relationships and the Management of Change.* Houndmills : Palgrave.

Greve, Bent (ed.). (2000). *What Constitutes a Good Society?* New York : St. Martin's Press.

Habermas, Jürgen. (1994). Citizenship and National Identity : Some Reflections on the Future of Europe. *Praxis International.* vol. 12. pp. 1−19 ; in Brian Turner &

Peter Hamilton (eds.). *Citizenship : Critical Concepts.* London : RKP. 1994. vol. II. pp. 341–358.

Hatchard, John & others. (2004). *Comparative Constitutionalism and Good Governance in the Commonwealth : An Eastern and Southern African Perspective.* New York : Cambridge Univ. Press.

Henderson, Hazel. (1993). Social Innovation and Citizen Movements. *Future.* 25–3. 322–338.

Heyzer, N. & J. V. Riker & A. B. Quizon (eds.). (1995). *Government–NGO Relations in Asia : Prospects and Challenges for People–Centered Development.* Kuala Lumpur : Asian and Pacific Development Center.

Heyzer, N. (1995). Toward New Government–NGO Relations for Sustainable and People–Centerd Development. Heyzer, N. & J. V. Riker & A. B. Quizon (eds.). (1995). *Government–NGO Relations in Asia : Prospects and Challenges for People–Centered Development.* Kuala Lumpur : Asian and Pacific Development Center. 1–13.

Hills, J. & Le Grand, J. & Piachaud, D. (eds.). (2002). *Understanding Social Exclusion.* Oxford Univ. Press.

Hindes, Barry. (1987). *Politics and Class Analysis.* New York : Basil Blackwell.

Hirst, Pl. (2000). Democracy and Governance. in Jon Pierre (ed.). *Debating Governance.* Oxford : Oxford Univ. Press.

Hjelmar, Ulf. (1996). Constructive Analysis and Movement Organizations : Conceptual Clarification. *Acta Sociologica.* 39–2. 169–186.

Hoen, Herman W. (ed.). (2001). *Good Governance in Central and Eastern Europe : The Puzzle of Capitalism by Design.* Chaltenham, UK : Edward Elgar.

Hoffman, Stanley. (1991). Balance, Concert, Anarchy, or None of the Above. Gregory F. Treverton (ed.). *The Shape of the New Europe.* New York : Council on Foreign Relations.

Holzer, Marc & Byong–Joon Kim (eds.). (2002). *Building Good Governance : Reforms in Seoul.* Seoul Development Institute.

IMF. (1975). *IMF Survey.* pp. 24–14.

Inglis, Fred (ed.). (2004). *Education and the Good Society.* Basingstoke : Palgrave Macmillan.

Ingram, H. Schneider, A. & de Leon, P. (2007). Social Construction and Policy Design, 원숙연. (2008). 「다문화주의 시대 소수자 정책의 차별적 포섭과 배제-외국인 대상 정책을 중심으로 한 탐색적 접근」. 『한국행정학회 하계세미나 발표논문집』에서 재인용.

Jenson, J. (1998). Mapping of Social Cohesion : The State of Canadian Research. Berger-Schimitt, R & Noll, H. *EurRporting*. Paper NO. 9.

Joerges, Christian & Renaud Dehousse(eds.). (2002). *Good Governance in Europe's Integrated Market*. Oxford Univ. Press.

Johnson, Doyle P. (1981). *Sociological Theory : Classical Founders and Contemporary Perspectives*. New York : John Wiley & Sons.

Johnston, Les. (1986). *Marxism, Class Analysis and Socialist Pluralism : A Theoretical and Political Critique of Marxist Conceptions of Politics*. London : Allen & Unwin.

Kickert, W.(1997). Public Governance in the Netherlands : An Alternative to Anglo-Americal 'Managerialism'. *Public Administration*. 75 : 731-751.

Kooiman, J.(2003). *Governing as Governance*. London : Sage Publications.

Korten, David & Antonio Quizon. (1995). Government, NGO and International Cooperation : Whose Agenda? Heyzer, N. & J. V. Riker & A. B. Quizon(eds.). (1995). *Government-NGO Relations in Asia : Prospects and Challenges for People-Centered Development*. Kuala Lumpur : Asian and Pacific Development Center. 131-164.

Korten, David & George Carner. (1984). Planning Framework for People-Centered Development. Korten & Klaus(eds.). *People-Centered Development : Contributing toward Theory and Planning Frameworks*. West Harford : Kumarian Press. 201-209.

Korten, David & Klaus, R. (eds.). (1984). *People-Centered Development : Contributing toward Theory and Planning Frameworks*. West Harford : Kumarian Press.

Korten, David. (1984). People-Centered Development : Toward a Framework. Korten & Klaus(eds.). *People-Centered Development : Contributing toward Theory and Planning Frameworks*. West Harford : Kumarian Press. 299-309.

Korten, David. (1990). *Getting to the 21st Century : Voluntary Action and the Global*

Agenda. West Hartford : Gumarian Press.

Korten, David. (1995a). *When Corporations Rule the World*. West Harford : Kumarian Press.

Korten, David. (1995b). Steps toward People-Centered Development : Vision and Strategies. Heyzer, N. & J. V. Riker & A. B. Quizon(eds.). (1995). *Government-NGO Relations in Asia : Prospects and Challenges for People-Centered Development*. Kuala Lumpur : Asian and Pacific Development Center. 165-189.

Lakshman, Narayan. (2003). *The Political Economy of Good Governance for Poverty Alleviation Policies*. Manila : ADB.

Leftwich, Adrian. (1994). Governance, the State and the Politics of Development. *Development and Change*. vol. 25.

Lenoir, René. (1974). *Lene Exclus : Un Francais sur Dix*. Paris : Editions du Seuil, 문진영. (2004). 「사회적 배제의 국가가 비교연구-프랑스, 영국, 스웨덴을 중심으로」. 한국사회복지학회 편. 『한국사회복지학』. 56-3. 253-277 재인용.

Lewis, A. W. (1954). Economic Development with Unlimited Supplies of Labor. *Manchester School Economics and Social Studies*. May.

Lipschutz, Ronnie. (1992). Reconstructing World Politics : The Emergence of Global Civil Society. *Millenium*. 21-3. 389-420.

Littlewood, P.(ed.). (1999). *Social Exclusion in Europe : Problems and Paradigms*. Aldeshot : Ashgate.

Luhmann, Niklas. (1982). tr. Stephen Holmes & Charles Larmore. *The Differentiation of Society*. New York : Columbia University Press.

Mandelbaum, Seymour J. (1994). Communitarian Sensibilities and the Design of Communities. *Planning Theory* 10/11 (1993 and 1994).

Massey, Douglas & Alarcon, Rafael & Durand, Jorge. (1990). *Return to Aztlan : The Social Process of International Migration from Western Mexico*. Univ. of California Press.

Meyer, John W. (1980). The World Polity and the Authority of the Nation-State. in Albert Bergson(ed.). *Studies of the Modern World System*. New York : Academic. pp. 109-137.

Motterlini, Matteo. (ed.). (1986). *For and against Method : Imre Laktos & Paul Feyera-*

bend. Univ. of Chicago Press.

Munshi, Surendra & Biju Paul Abraham (eds.). (2004). *Good Governance, Democratic Societies and Globalization*. New Delhi : SAGE. Joint Standing Committee on Foreign Affairs, Defence and Trade. (2004). *Human Rights and Good Governance Education in the Asia Pacific Region*. Canberra : The Committee.

Naisbitt, John. (1995). *Global Paradox*. New York : Avon Books.

Najem, Tom Pierre & Martin Hetherington (eds.). (2003). *Good Governance in the Middle East Oil Monarchies*. London : Routledge.

Najem, Tom Pierre. (2003). Good Governance : The Definition and Application of the Concept. Najem, Tom Pierre & Martin Hetherington (eds.). (2003). *Good Governance in the Middle East Oil Monarchies*. London : Routledge.

Neumayer, Eric. (2003). *The Pattern of Aid Giving : The Impact of Good Governance on Development Assistance*. London : Routledge.

Nola, Robert & Howard Sankey (ed.). (2000). *After Popper, Kuhn and Feyerabend : Recent Issues in Theories of Scientific Method*. Boston : Kluwer Academic Publishers.

O'Connor, P. (1998). Mapping Social Cohesion : Canadian Policy Research Network. *CPRN Discussion Paper NO. F01*.

OECD Development Assistance Committee. (1994). *DAC Orientations on Participatory Development and Good Governance*.

OECD. (1996). *OECD Symposium on Corruption and Good Governance*.

OECD. (2001). *Investing in Competence for All Communique*. http://www.oecd.org

Paugam, Serge. (1998). Le formes contemporaines de la pauvreté et de l'exclusion. Genèse. 31 138–159, 심창학. (2003). 「빈곤문제 해결을 위한 새로운 패러다임–사회적 배제 극복정책의 국가별 비교」. 한국유럽학회 편, 『유럽연구』. 18. 209–238. 재인용.

Peter F. Beyer. (2003). Four Approaches to Globalization. in Roland Robertson & Kathleen E. White (eds.). *Globalization : Critical Concepts in Sociology*. vol. 1. London : RKP. pp. 155–190 ; originally in Peter F. Beyer. *Religion and Globalization*. London : Sage. 1994. pp. 14–44.

Peters, Guy. (1994). Civil Service Reform : Misdiagnosing the Patient. *PAR*. 54–5.

Peters, Guy. (1998). *The Future of Governing : Four Emerging Models*. Lawrance : Univ.

of Kansas Press.

PGA(People's Global Action). (2000). *People's Global Action Draft Bulletin*. 6.

Poluha, Eva & Mona Rosendahl(eds.). (2002). *Contesting 'Good' Governance : Crosscultural Perspectives on Representation, Accountability and Public Space*. London : Routledge.

Popper, Karl R. (1965). *The Logic of Scientific Discovery*. New York : Harper & Row.

Preston, John. (1997). *Feyerabend : Philosophy, Science and Society*. Polity Press.

Prideaux, Simon. (2004). From Organisational Theory to the Third Way : Continuities and Contradictions Underpinning Amitai Etzioni's Communitarian Influence on New Labour. Hale, Sarah & others(eds.). *The Third Way and Beyond : Criticisms, Futures, Alternatives*. Manchester Univ. Press.

Reif, Linda C. (2004). *The Ombudsman, Good Governance, and International Human Rights System*. Leiden : Martinus Nijhoff Publisher.

Rhodes, R.A.W. (1996). The New Governance : Governing without Government. *Political Studies*. 44 : 652−667.

Riker, James. (1995). Reflections on Government−NGO Relations in Asia : Prospects and Challenges for People−Centered Development. Heyzer, N. & J.V. Riker & A.B. Quizon(eds.). (1995). *Government−NGO Relations in Asia : Prospects and Challenges for People−Centered Development*. Kuala Lumpur : Asian and Pacific Development Center. 191−208.

Ritzen, J. (2001). Social Cohesion, Public Policy and Economic Growth : Implications for OECD Countries. Helliwell, J.F.(ed.). *International Symposium Report : The Contribution of Human and Social Capital to Sustained Economic Growth and Well−being*. Human Resource Development Canada and OECD.

Ritzer, George. (2003). September 11, 2001 : Mass Murder and its Roots in the Symbolism of American Consumer Culture. Roland Robertson & Kathleen E. White (eds.). *Globalization : Critical Concepts in Sociology*. vol. 6. London : RKP. 412−424(Originally from George Ritzer. *McDonaldization : The Reader*. Pine Forge Press. 2002. 199−212).

Robertson, Roland & Jo Ann Chirico. (1985). Humanity, Globalization and Worldwide Religious Resurgence : A Theoretical Exploration. *Sociological Analysis*. 46.

Robertson, Roland. (1989a). Internationalization and Globalization. *University Center for International Studies*. University of Pittsburgh.

Robertson, Roland. (1989b). Globalization, Politics, and Religion. in James A. Beckford & Thomas Luckmann (eds.). *The Changing Face of Religion*. Beverly Hills : Sage.

Robertson, Roland. (1992). Globality, Global Culture and Images of World Order. in Hans Haferkamp & Neil Smelser (eds.). *Social Change and Modernity*. Berkeley : University of California Press.

Robinson, P. & Oppenheim, C. (1998). *Social Exclusion Indicators : A Submission to the Social Exclusion Unit*. London : Institute for Public Policy Research.

Roodt, Monty. (2001). Participation, Civil Society, and Development. Heyzer, N. & J. V. Riker & A. B. Quizon (eds.). (1995). *Government—NGO Relations in Asia : Prospects and Challenges for People—Centered Development*. Kuala Lumpur : Asian and Pacific Development Center. 469–480.

Room, G. (ed.). (1995). *Beyond the Threshold : The Measurement and Analysis of Social Exclusion*. Bristol : Policy Press.

Rudner, Richard S. (1966). *Philosophy of Social Science*. Prentice—Hall.

Rumbaut, Rubén G. & Cornelius, Wayne. (1995). *California's Immigrant Children : Theory, Research, and Implications for Educational Policy*. La Jolla : Center for U. S.—Mexican Studies, University of California, San Diego.

Seidman, Ann & others (eds.). (1999). *Making Development Work : Legislative Reform for Institutional Transformation and Good Governance*. Boston : Kluwer Law International.

Sen, Amartia. (2000). *Social Exclusion : Concept, Application, and Scrutiny : Social Development Papers*. No. 1. Asian Development Bank.

Shaw, Martin. (1992). Global Society and Global Responsibility : The Theoretical, Historicaland Political Limits of 'International Society'. *Millenium*. 21–3. 421–434.

Shaw, Martin. (1994). Civil Society and Global Politics : Beyond a Social Movements Approach. *Millenium*. 23–3. 647–667.

Siddiqui, Tasneem Ahmad. *Toward Good Governance*. Karachi : Oxford Univ. Press.

Silver, H. (1994). Social Exclusion and Social Solidarity : Three Paradigms. *International Labour Review*. 133–5, 6. 531–578.

Simai, Miha'ly. (1994). *The Future of Global Governance : Managing Risk and Change in the International System*. Washington, D.C. : USIP.

Simai, Miha'ly. (2003). The Changing State System and the Future of Global Governance. in Roland Robertson & Kathleen E. White(eds.). *Globalization : Critical Concepts in Sociology*. vol. 2. London : RKP ; originally in Global Society. 11–2. 1997. pp.141–163.

Simpson, John H. (1991). Globalization and Religion : Themes and Prospects, in William Garrett & Roland Robertson(eds.). *Religion and Global Order*. New York : Paragon.

Smillie, Ian. (1995). *The Alms Bazaar : Altruism under Fire–Non–Profit Organizations and International Development*. London : IP Publications.

Social Protection Committee. (2001). *Report on Indicators in the Field of Poverty and Social Exclusion*. EC Commission.

Sorensen, Georg. (1991). A Revised Paradigm for International Relations : The 'Old' Images and the Postmodernist Challenge. *Cooperation & Conflict*. 26.

Stalker, Peter. (1994). *Work of Strangers : A Survey of International Labour Migration*. Bernan Assoc.

Stalker, Peter. (2000). *Workers without Frontiers*. Lynne Rienner.

Stalker, Peter. (2008). *No–Nonsense Guide to International Migration*. New Internationalist.

Swart Ignatius & Dawid Venter. (2001). NGOs and Churches : Civil Society Actors and the Promise of Fourth Generation Development in South Africa. Coetzee, J. K. & J. Graaff & F. Hendricks & G. Wood(eds.). (2001). *Development : Theory, Policy and Practice*. Cape Town : Oxford Univ. Press. 483–494.

Swart, Ignatius. (1997). Toward a Normative Politics of Global Transformation : Synthesizing Alternative Perspectives. *Transnational Associations*. 1997–1. 2–20.

Swart, Ignatius. (2000). *The Churches and the Development Debates : The Promise of a Fourth Generation Approach*. Ph. D. Dissertation. University of Stellenbosch.

Tbaishat, Rami. (2000). *Administrative Reform in Jordan : Toward a Good Gover-*

nance. Ph. D. Dissertation Seoul National Univ.

Thakur, Ramesh & Oddny Wiggen (eds.). (2004). *South Asia in the World : Problem Solving Perspectives on Security.* Sustainable Development, and Good Governance. Tokto : UN Univ. Press.

Thomas, Alan. (2000). Development as Practice in a Liberal Capitalist World. *Journal of International Development.* 12 : 769−772.

Todaro, Michael P. (1969). A Model of Labor Migration and Urban Unemployment in Less Developed Countries. *American Economic Review.* March.

UN Department of Economic and Social Affairs. (2000). *Building Parternerships for Good Governance : The Spirit and the Reality of South−South Cooperation.*

UN Development Programme. (2000). *Women's Political Participation and Good Governance : 21st Century Challenges.*

UN Economic and Social Commission for Western Asia. (2001). Good *Governance : Enhancing Macro−Management in the ESCWA Region.* UN.

UNDP (United Nations Development Programme). (1995). *Public Sector Management, Governance and Sustainable Human Development.*

Venter, Dawid & Ignatius Swart. (2003). Anti−globalization Organization as a Fourth Generation People's Movement. Roland Robertson & Kathleen E. White (eds.). *Globalization : Critical Concepts in Sociology.* vol. 6. London : RKP. 378−411.

Verma, G. K. (2002). *Migrants and Social Exclusion : A European Perspective.*

Wallerstein, Immanuel. (1979). *The Capitalist World−Economy.* Cambridge : Cambridge Univ. Press.

Wallerstein, Immanuel. (1990). Culture as the Ideological Battleground of the Modern World System. *Theory, Culture and Society.* 7 (2−3). pp. 31−55.

Wallerstein, Immanuel. (2003). Crises : The World−economy, the Movements, and the Ideologies. Roland Robertson & Kathleen E. White (eds) *Globalization : Critical Concepts in Sociology.* vol. 6. London : RKP. 355−368 (Originally from Albert Bergesen. ed. *Crises in the World−System.* Bevery Hills, Cal. : Sage. 1983. 21−36).

Waters, Mary C. (1999). *Black Identities : West Indian Immigrant Dreams and American Realities.* Russell Sage Foundation.

Wooley, F. (1998). Social Exclusion and Voluntary Activity : Making Connections,

CSLS(*Center for the Study of Living Standards*) *Conference : The State of Living Standards and the Quality of Life*. Ottawa.

World Bank. (1989). *Sub-Saharan Africa : From Crisis to Sustainable Growth*.

World Bank. (1992). *Governance and Development*.

World Bank. (1993). *Governance : The World Bank Experience*.

World Bank. (1994). *The World Bank and Participation*.

World Bank. (2002). *Bangladesh : Financial Accountability for Good Governance*.

Wright, Erik Olin(ed.). (2005). *Approaches to Class Analysis*. Cambridge Univ. Press.

Wright, Erik Olin. (1985). *Classes*. Verso.

Wright, Erik Olin. (1996). Political Power, Democracy and Coupon Socialism. Roemer, John(ed.). *Equal Shares : Making Market Socialism Work*. Verso.

Wright, Erik Olin. (2005a). Basic Income as a Socialist Project. *Rutgers Journal of Law & Urban Policy*. Vol. 2. Fall 2005. No.1.

Wright, Erik Olin. (2005b). Basic Income, Stakeholder Grants, and Class Analysis. Bruce Ackerman, Anne Alstott and Philippe van Parijs(eds.). *Redesigning Redistribution : Basic Income and Stakeholder Grants as Cornerstones for an Egalitarian Capitalism*. Verso.

- 저자의 관련 연구실적물

2009. 02. 「한국 이주난민의 문제틀과 정책방향」. 『동아시아이주난민복지학회 세미나 발표논문집』. 1-19.

2009. 02. 「한국에서의 사회적 배제 지표의 개발 시론-외래인을 중심으로」. 『2009 서울행정학회 동계학술대회 발표논문집(상)』. 111-138.

2008. 11. 「외래인에 대한 사회적 배제 측면의 고찰」. 『그리스도대학교 교수논문집』. 제8집. 261-292.

2008. 10. 「한국사회에 대한 사회적 배제 가설의 적용가능성 검토-외래인을 중심으로」. 한국행정학회 편. 『추계국제학술대회 발표논문집(III)』. 87-108.

2008. 07. Toward a Cosmopolitan Community : Contemporary Characteristics of Korean Foreigner Policy. Seoul Association for Public Administration & MongolianAcademy of Political Education(ed.). *SAPA International Conference : Cul-*

turalExchange and Cultural Identity in East Asia in the 21st Century. 57-68.

2008. 05. 「외래인 정책으로 본 한국정부의 성격-외국인과 북한이탈주민과의 비교를 중심으로」. 서울행정학회 편. 『춘계학술대회 발표논문집』. 813-850.

2008. 04. (3인 공저). 『남북통합지원 특성화사업 중장기발전계획 및 육성방안』. 그리스도대학교 특성화사업단. 1-227.

2008. 04. 『새터민의 정치·행정적 위상 탐색』. 그리스도대학교 특성화사업단. 1-48.

2007. 12. Korea Government as Corporatist-Neomercantilist Globalizing Supporter. Seoul Association for Public Administration (ed.). *International Conference on Government Innovation and Human Resources Development : Regional Development and Role of University.* 387-394.

2007. 12. 「세계화에 대한 한국정부 대응방식의 비판적 검토」. 한국행정학회 편. 『동계학술대회 발표논문집』. 571-586.

2007. 11. 「북한이탈주민(새터민)의 정체성 모색을 위한 사회과학이론의 틀」. 그리스도대학교 특성화사업단 편. 『국내학술대회 발표논문집』. 39-84.

2007. 11. 「좋은 사회를 위한 좋은 거버넌스의 요건」. 『그리스도대학교 교수논문집』. 제7권. 387-426.

2007. 06. 「좋은 사회의 기초로서의 좋은 거버넌스의 모색」. 한국행정학회/한국정책학회 편. 『한국행정학회·한국정책학회 하계공동학술대회 발표논문집(3)』 27-43.

2007. 02. 「"좋은사회"론의 개념적 토대-A. 에치오니를 중심으로」. 『서울행정학회 동계학술대회 발표논문집』. 3-19.

2006. 12. 「사회적 합의기구로서의 노사정위원회의 위상에 관한 관점별 검토」. 『한국행정학보』. 제40권 제4호. 205-224.

2006. 07. 「라이트(Erik O. Wright)의 거버넌스 개념」. 『시민정치학회 하계학술발표회 논문집』.

2006. 06. 「계급에서 거버넌스로-라이트(Erik O. Wright)의 경우」. 『한국/서울행정/한국거버넌스학회 공동 하계발표 논문집』. 283-302.

2005. 05. 「제4세대 시민운동으로서의 세계화반대 운동에 관한 연구-코르텐의 논의를 중심으로」. 서울행정학회 편. 『한국사회와 행정연구』. 제16권 제1호. 205-228.

2005. 05 「사회적 합의에 대한 접근방법의 비교검토」. 『(사)서울행정학회 춘계학술대회 발표논문집』. 129-142.

2005. 02. 「시민운동 단계설정 모형의 모색-Korten의 논의를 중심으로」. 『(사)서울행정학회 동계학술대회 발표논문집』. 199-218.

2004. 12. Toward a Dialectic of Globalization and Anti-Globalization : Korean Case from Korten's Viewpoint. *The 2004 Inaugural Biennial International Forum on Free-Trade Cities in Asia : Singapore, Korea, Hong Kong, and Malaysia.* 80-90(연구책임).

2004. 08. 「코르텐의 제4세대론 연구」. 『그리스도대학교 교수논문집』. 제4권 제1호. 415-447.

2004. 08. 「세계화에 따른 거버넌스와 시민권 개념의 변화-최근 구미권 논의를 중심으로」. 서울행정학회 편. 『한국사회와 행정연구』. 제15권 제2호. 127-142.

2004. 07. Globalization, Global Governance and Citizenship : In Search of Korean Case. *Establishing Evaluation Model for Administrative Reform in the 21 Century : Analytical Tools and Cases.* 234-240.

2004. 06. 「세계화에 따른 거버넌스와 시민권 개념의 변화-최근 구미권 논의를 중심으로」. 『한국행정학회 하계학술대회 발표논문집』. 686-697.

1993. 02. 『국가의 선택성에 관한 연구-공업발전법과 최저임금법 형성과정의 비교를 중심으로』. 서울대 행정학 박사학위 논문.

I. 외래인 일반 관련 주요 현행법

1. 출입국관리법

제1조 (목적) 이 법은 대한민국에 입국하거나 대한민국으로부터 출국하는 모든 국민 및 외국인의 출입국관리와 대한민국에 체류하는 외국인의 체류관리 및 난민의 인정절차 등에 관한 사항을 규정함을 목적으로 한다.

제2조 (정의) 이 법에서 사용하는 용어의 정의는 다음과 같다.

1. "국민"이라 함은 대한민국의 국민을 말한다.

2. "외국인"이라 함은 대한민국의 국적을 가지지 아니한 자를 말한다.

2의2. "난민"이라 함은 난민의 지위에 관한 협약(이하 "난민협약"이라 한다) 제1조 또는 난민의 지위에 관한 의정서 제1조의 규정에 의하여 난민협약의 적용을 받는 자를 말한다.

11. "외국인보호실"이라 함은 이 법에 의하여 외국인을 보호할 목적으로 출입국관리사무소 또는 그 출장소에 설치한 장소를 말한다.

12. "외국인보호소"라 함은 이 법에 의하여 외국인을 보호할 목적으로 설치한 시설로서 대통령령이 정하는 곳을 말한다.

13. "출입국사범"이라 함은 제93조의 2·93조의 3·94조 내지 제99조·99조

의 2 · 99조의 3 및 제100조의 규정에 의한 죄를 범하였다고 인정되는 자를 말한다.

제7조 (외국인의 입국) ① 외국인이 입국하고자 할 때에는 유효한 여권과 법무부장관이 발급한 사증을 가지고 있어야 한다.

제7조의2 (허위초청 등의 금지)

제8조 (사증) ① 제7조의 규정에 의한 사증은 1회에 한하여 입국할 수 있는 단수사증과 2회 이상 입국할 수 있는 복수사증으로 구분한다.

제10조 (체류자격) ① 외국인으로서 입국하고자 하는 자는 대통령령이 정하는 체류자격을 가져야 한다.

제11조 (입국의 금지 등) ① 법무부장관은 다음 각호의 1에 해당하는 외국인에 대하여는 입국을 금지할 수 있다.

② 법무부장관은 입국하고자 하는 외국인의 본국이 제1항 각호외의 사유로 국민의 입국을 거부할 때에는 그와 동일한 사유로 그 외국인의 입국을 거부할 수 있다.

제12조 (입국심사) ① 외국인이 입국하고자 할 때에는 입국하는 출입국항에서 출입국관리공무원의 입국심사를 받아야 한다.

제12조의3 (외국인의 여권 등의 보관)

② 출입국관리공무원은 이 법을 위반하여 조사 중인 자로서 제46조의 규정에 의한 강제퇴거대상자에 해당하는 출입국사범의 여권 · 선원신분증명서를 발견한 때에는 이를 회수하여 보관할 수 있다.

제16조의2 (난민임시상륙허가) ① 사무소장 또는 출장소장은 선박 등에 타고 있는 외국인이 난민협약 제1조A(2)에 규정된 이유 기타 이에 준하는 이유로 그 생명 · 신체 또는 신체의 자유를 침해받을 공포가 있는 영역으로부터 도피하여 곧바로 대한민국에 비호를 신청하는 경우 그 외국인을 상륙시킬만한 상당한 이유가 있다고 인정되는 때에는 법무부장관의 승인을 얻어 90일의 범위 내에서 난민임시상륙허가를 할 수 있다. 이 경우 법무부장관은 외교통상부장관과 협의하여야 한다.

제17조 (외국인의 체류 및 활동범위) ① 외국인은 그 체류자격과 체류기간의 범위 내에서 대한민국에 체류할 수 있다.

제18조 (외국인고용의 제한) ① 외국인이 대한민국에서 취업하고자 할 때에

는 대통령령이 정하는 바에 따라 취업활동을 할 수 있는 체류자격을 받아야 한다.

제19조 (외국인을 고용한 자 등의 신고의무)

제19조의2 (산업연수생의 보호 등)

제19조의3 (산업연수생의 관리 등)

제19조의4 (외국인유학생의 관리 등)

제22조 (활동범위의 제한) 법무부장관은 공공의 안녕질서 또는 대한민국의 중요한 이익을 위하여 필요하다고 인정될 때에는 대한민국에 체류하는 외국인에 대하여 거소 또는 활동의 범위를 제한하거나 기타 필요한 준수사항을 정할 수 있다.

제24조 (체류자격변경허가)

제25조 (체류기간연장허가) 외국인이 체류기간을 초과하여 계속 체류하고자 할 때에는 대통령령이 정하는 바에 따라 그 기간의 만료 전에 법무부장관의 체류기간연장허가를 받아야 한다.

제27조 (여권 등의 휴대 및 제시) ① 대한민국에 체류하는 외국인은 항상 여권·선원신분증명서·외국인입국허가서·외국인등록증 또는 상륙허가서(이하 "여권 등"이라 한다)를 지니고 있어야 한다.

② 제1항 본문의 외국인은 출입국관리공무원 또는 권한 있는 공무원이 그 직무를 수행함에 있어 여권 등의 제시를 요구한 때에는 이에 응하여야 한다.

제28조 (출국심사) ① 외국인이 출국하고자 할 때에는 유효한 여권을 가지고 출국하는 출입국항에서 출입국관리공무원의 출국심사를 받아야 한다.

제29조 (외국인출국의 정지)

제30조 (재입국허가)

제31조 (외국인등록) ① 외국인이 입국한 날부터 90일을 초과하여 대한민국에 체류하게 되는 경우 대통령령이 정하는 바에 따라 입국한 날부터 90일 이내에 그의 체류지를 관할하는 사무소장 또는 출장소장에게 외국인등록을 하여야 한다.

제32조 (외국인등록사항) 제31조의 규정에 의한 외국인등록사항은 다음과

같다.

1. 성명 · 성별 · 생년월일 및 국적
2. 여권의 번호 · 발급일자 및 유효기간
3. 근무처와 직위 또는 담당업무
4. 본국의 주소와 국내체류지
5. 체류자격과 체류기간
6. 기타 법무부령이 정하는 사항

제33조 (외국인등록증의 발급) ① 제31조의 규정에 의하여 외국인등록을 받은 사무소장 또는 출장소장은 대통령령이 정하는 바에 따라 그 외국인에게 외국인등록증을 발급하여야 한다.

제33조의2 (외국인등록증 등의 채무이행확보 수단제공 등의 금지)

제34조 (외국인등록표 등의 작성 및 관리)

제35조 (외국인등록사항변경의 신고)

제36조 (체류지변경의 신고)

제37조 (외국인등록증의 반납 등) ① 제31조의 규정에 의하여 등록을 한 외국인이 출국하는 때에는 출입국관리공무원에게 외국인등록증을 반납하여야 한다.

제38조 (지문찍기) ① 다음 각호의 1에 해당하는 외국인은 대통령령이 정하는 바에 따라 지문을 찍어야 한다.

1. 삭제
2. 이 법에 위반하여 조사를 받거나 기타 다른 법률에 위반하여 수사를 받고 있는 자
3. 신원이 확실하지 아니한 자
4. 기타 법무부장관이 대한민국의 안전이나 이익을 위하여 특히 지문을 찍을 필요가 있다고 인정하는 자

② 사무소장 또는 출장소장은 제1항의 규정에 의한 지문찍기를 거부하는 외국인에 대하여는 체류기간 연장허가 등 이 법에 의한 허가를 하지 아니할 수 있다.

제46조 (강제퇴거의 대상자)

제47조 (조사)

제48조 (용의자의 출석요구 및 신문)

제49조 (참고인의 출석요구 및 진술)

제50조 (검사 및 서류 등의 제출요구)

제51조 (보호) ① 출입국관리공무원은 외국인이 제46조 제1항 각호의 1에 해당된다고 의심할 만한 상당한 이유가 있고 도주하거나 도주할 염려가 있는 경우 사무소장·출장소장 또는 외국인보호소장으로부터 보호명령서를 발부받아 그 외국인을 보호할 수 있다.

제52조 (보호기간 및 보호장소) ① 보호기간은 10일이내로 한다. 다만, 부득이한 사유가 있는 때에는 사무소장·출장소장 또는 외국인보호소장의 허가를 받아 10일을 초과하지 아니하는 범위내에서 1차에 한하여 연장할 수 있다.

② 보호할 수 있는 장소는 외국인보호·외국인보호소 기타 법무부장관이 지정하는 장소로 한다.

제53조 (보호명령서의 집행)

제54조 (보호의 통지)

제55조 (보호에 대한 이의신청)

제56조 (외국인의 일시보호)

제56조의2 (피보호자의 긴급이송 등)

제56조의3 (피보호자 인권의 존중 등) 피보호자의 인권은 최대한 존중되어야 하며, 국적·성별·종교·사회적 신분 등에 의한 피보호자의 차별은 금지된다.

제56조의4 (강제력의 행사)

제56조의5 (신체 등의 검사)

제56조의6 (면회 등)

제56조의7 (안전대책)

제57조 (피보호자의 처우) 외국인보호실 및 외국인보호소의 설비, 보호되어 있는 자의 처우·급양·경비 기타 필요한 사항은 법무부령으로 정한다.

제58조 (심사결정)

제59조 (심사후의 절차)

제60조 (이의신청)

제61조 (체류허가의 특례) 용의자가 대한민국의 국적을 가졌던 사실이 있거나 기타 대한민국에 체류하여야 할 특별한 사정이 있다고 인정되는 경우에는 그의 체류를 허가할 수 있다.

제62조 (강제퇴거명령서의 집행)

제63조 (강제퇴거명령을 받은 자의 보호 및 보호해제)

제64조 (송환국)

③ 난민에 대하여는 제1항 또는 제2항의 규정에 불구하고 난민협약 제33조 제1항의 규정에 의하여 추방 또는 송환이 금지되는 영역이 속하는 국가에 송환하지 아니한다. 다만, 법무부장관이 대한민국의 이익이나 안전을 해한다고 인정하는 때에는 그러하지 아니하다.

제67조 (출국권고)

제68조 (출국명령)

제76조의2 (난민의 인정)

제76조의3 (난민인정의 취소)

제76조의5 (난민여행증명서)

제76조의6 (난민인정증명서 등의 반납)

제76조의7 (난민에 대한 체류허가의 특례)

제93조 (남·북한왕래 등의 절차) ① 군사분계선이남지역(이하 "남한"이라 한다) 또는 해외에 거주하는 국민이 군사분계선이북지역(이하 "북한"이라 한다)을 거쳐 출입국하는 경우에는 남한에서 북한으로 가기 전 또는 북한에서 남한으로 온 후에 출입국심사를 한다.

② 외국인의 남·북한 왕래절차에 관하여는 법무부장관이 따로 정하는 경우를 제외하고는 이 법의 출입국절차에 관한 규정을 준용한다.

③ 외국인이 북한을 거쳐 출입국하는 경우에는 이 법의 출입국절차에 관한 규정에 의한다.

④ 제1항 내지 제3항의 시행에 관하여 필요한 사항은 대통령령으로 정한다.

2. 국적법

제1조(목적) 이 법은 대한민국의 국민이 되는 요건을 정함을 목적으로 한다.
제2조(출생에 의한 국적 취득)
제3조(인지에 의한 국적 취득)
제4조(귀화에 의한 국적 취득)
제5조(일반귀화 요건)
5. 국어능력과 대한민국의 풍습에 대한 이해 등 대한민국 국민으로서의 기본 소양을 갖추고 있을 것
제6조(간이귀화 요건)
제7조(특별귀화 요건)
제8조(수반 취득)
제9조(국적회복에 의한 국적 취득)

II. 외국인 관련 주요 현행법

1. 외국인 근로자의 고용 등에 관한 법률

제1조 (목적) 이 법은 외국인근로자를 체계적으로 도입·관리함으로써 원활한 인력수급 및 국민경제의 균형있는 발전을 도모함을 목적으로 한다.
제2조 (외국인근로자의 정의) 이 법에서 "외국인근로자" 라 함은 대한민국의 국적을 가지지 아니한 자로서 국내에 소재하고 있는 사업 또는 사업장에서 임금을 목적으로 근로를 제공하고 있거나 제공하고자 하는 자를 말한다. 다만, 출입국관리법 제18조 제1항의 규정에 의하여 취업활동을 할 수 있는 체류자격을 받은 외국인중 취업분야 또는 체류기간 등을 고려하여 대통령령이 정하는 자를 제외한다.
제3조 (적용범위 등) ① 이 법은 외국인근로자 및 외국인근로자를 고용하고

있거나 고용하고자 하는 사업 또는 사업장에 적용한다. 다만, 선원법의 적용을 받는 선박에 승무하는 선원중 대한민국 국적을 가지지 아니한 선원 및 그 선원을 고용하고 있거나 고용하고자 하는 선박의 소유자에 대하여는 적용하지 아니한다.

제4조 (외국인력정책위원회) ① 외국인근로자의 고용관리 및 보호에 관한 주요사항을 심의 · 의결하기 위하여 국무총리소속하에 외국인력정책위원회를 둔다.

제5조 (외국인근로자 도입계획의 공표 등) ① 노동부장관은 제4조 제2항 각호의 사항이 포함된 외국인근로자 도입계획을 정책위원회의 심의 · 의결을 거쳐 수립하여 매년 3월 31일까지 대통령령이 정하는 방법으로 공표하여야 한다.

제6조 (내국인 구인노력) ① 외국인근로자를 고용하고자 하는 자는 직업안정법 제4조 제1호의 규정에 의한 직업안정기관에 우선 내국인 구인신청을 하여야 한다.

② 직업안정기관의 장은 제1항의 규정에 의한 내국인 구인신청을 받은 경우에는 사용자가 적정한 구인조건을 제시할 수 있도록 상담 · 지원하여야 하며, 구인조건을 갖춘 내국인이 우선적으로 채용될 수 있도록 직업소개를 적극적으로 행하여야 한다.

제7조 (외국인구직자명부의 작성) ① 노동부장관은 제4조 제2항 제3호의 규정에 따라 지정된 송출국가의 노동행정을 관장하는 정부기관의 장과 협의하여 대통령령이 정하는 바에 따라 외국인구직자명부를 작성하여야 한다.

② 노동부장관은 제1항의 규정에 의한 외국인구직자명부를 작성하는 때에는 외국인구직자 선발기준 등으로 활용할 수 있도록 한국어 구사능력을 평가하는 시험(이하 "한국어능력시험"이라 한다)을 실시하여야 한다.

제8조 (외국인근로자 고용허가) ① 제6조 제1항의 규정에 따라 내국인 구인신청을 한 사용자는 동조 제2항의 규정에 따른 직업소개에도 불구하고 인력을 채용하지 못한 때에는 노동부령이 정하는 바에 따라 직업안정기관에 외국인근로자 고용허가를 신청하여야 한다.

제9조 (근로계약) ① 사용자가 제8조 제4항의 규정에 따라 선정한 외국인근

로자를 고용하고자 하는 경우에는 노동부령이 정하는 표준근로계약서를 사용하여 근로계약을 체결하여야 한다.

제10조 (사증발급인정서) 제9조 제1항의 규정에 따라 외국인근로자와 근로계약을 체결한 사용자는 출입국관리법 제9조 제2항의 규정에 따라 당해 외국인근로자를 대리하여 법무부장관에게 사증발급인정서를 신청할 수 있다.

제11조 (외국인 취업교육) ① 외국인근로자는 입국한 후에 노동부령이 정하는 기간 이내에 대통령령이 정하는 기관에서 국내 취업활동에 필요한 사항을 주지시키기 위하여 실시하는 교육을 받아야 한다.

제12조 (외국인근로자 고용의 특례)

제13조 (출국만기보험 · 신탁) ① 외국인근로자를 고용하는 사업 또는 사업장의 사용자는 외국인근로자의 출국 등에 따른 퇴직금 지급을 위하여 외국인 근로자를 피보험자 또는 수익자로 하는 보험 또는 신탁(이하 "출국만기보험 등"이라 한다)에 가입하여야 한다. 이 경우 보험료 또는 신탁금은 매월 납부 또는 위탁하여야 한다.

② 출국만기보험 등에 가입한 경우 「근로자퇴직급여 보장법」 제8조 제1항의 규정에 의한 퇴직금제도를 설정한 것으로 본다.

제14조 (건강보험) 사용자 및 그에 고용된 외국인근로자에 대하여 국민건강보험법을 적용함에 있어서는 이를 각각 동법 제3조의 규정에 의한 사용자 및 동법 제6조 제1항의 규정에 의한 직장가입자로 본다.

제15조 (귀국비용보험 · 신탁) ① 외국인근로자는 귀국시 필요한 비용에 충당하기 위하여 보험 또는 신탁에 가입하여야 한다.

제16조 (귀국에 필요한 조치) 사용자는 외국인근로자가 근로관계의 종료, 체류기간의 만료 등으로 귀국하는 때에는 귀국하기 전에 임금 등 금품관계를 청산하는 등 필요한 조치를 취하여야 한다.

제17조 (외국인근로자의 고용관리) ① 사용자가 외국인근로자와의 근로계약을 해지하거나 그 밖에 고용과 관련된 중요사항을 변경하는 등 대통령령이 정하는 사유가 발생한 때에는 노동부령이 정하는 바에 따라 노동부장관에게 신고하여야 한다.

제18조 (취업의 제한) ① 외국인근로자는 입국한 날부터 3년의 범위 내에서

취업활동을 할 수 있다.

제19조 (외국인근로자 고용허가의 취소) ① 노동부장관은 다음 각호의 1에 해당하는 사용자에 대하여 대통령령이 정하는 바에 따라 제8조의 규정에 의한 외국인근로자 고용허가의 취소를 명할 수 있다.

1. 사용자가 입국전에 계약한 임금 그 밖의 근로조건을 위반하는 경우
2. 사용자의 임금체불 그 밖의 노동관계법의 위반 등으로 근로계약의 유지가 어렵다고 인정되는 경우
3. 거짓 그 밖의 부정한 방법으로 고용허가를 받은 경우

② 제1항의 규정에 따라 외국인근로자 고용허가가 취소된 사용자는 고용허가 취소의 명령을 받은 날부터 15일 이내에 그 외국인근로자와의 근로계약을 종료하여야 한다.

제20조 (외국인근로자 고용의 제한) ① 노동부장관은 다음 각호의 1에 해당하는 사용자에 대하여 그 사실이 발생한 날부터 3년간 외국인근로자의 고용을 제한할 수 있다.

1. 제8조 제4항의 규정에 의한 고용허가서를 발급받지 아니하고 외국인근로자를 고용한 자
2. 제19조 제1항의 규정에 따라 외국인근로자의 고용허가가 취소된 자
3. 이 법 또는 출입국관리법을 위반하여 처벌을 받은 자
4. 그 밖의 대통령령이 정하는 사유에 해당하는 자

② 노동부장관은 제1항의 규정에 따라 외국인근로자의 고용을 제한하는 경우에는 그 사용자에게 노동부령이 정하는 바에 따라 통지하여야 한다.

제21조 (외국인근로자 관련사업 수행) 노동부장관은 외국인근로자의 원활한 국내 취업활동 및 효율적인 고용관리를 위하여 다음 각호의 사업을 수행한다.

1. 외국인근로자의 출입국 지원사업
2. 외국인근로자 및 그 사용자에 대한 교육사업
3. 송출국가의 공공기관 및 외국인근로자 관련민간단체와의 협력사업
4. 외국인근로자 및 그 사용자에 대한 상담 등 편의제공사업
5. 외국인근로자 고용제도 등에 대한 홍보사업
6. 그 밖에 외국인근로자의 고용관리에 관한 사업으로서 대통령령이 정하는

사업

제22조 (차별금지) 사용자는 외국인근로자라는 이유로 부당한 차별적 처우를 하여서는 아니된다.

제23조 (보증보험 등의 가입) ① 사업의 규모 및 산업별 특성 등을 고려하여 대통령령이 정하는 사업 또는 사업장의 사용자는 그가 고용하는 외국인근로자에 대하여 임금체불에 대비한 보증보험에 가입하여야 한다.

② 산업별 특성 등을 고려하여 대통령령이 정하는 사업 또는 사업장에서 취업하는 외국인근로자는 질병·사망 등에 대비한 상해보험에 가입하여야 한다.

제24조 (외국인근로자 관련단체 등에 대한 지원) ① 국가는 외국인근로자에 대한 상담·교육 그 밖에 대통령령이 정하는 사업을 수행하는 기관 또는 단체에 대하여 사업수행에 필요한 비용의 일부를 예산의 범위 안에서 지원할 수 있다.

2. 재한 외국인 처우기본법

제1조 (목적) 이 법은 재한외국인에 대한 처우 등에 관한 기본적인 사항을 정함으로써 재한외국인이 대한민국 사회에 적응하여 개인의 능력을 충분히 발휘할 수 있도록 하고, 대한민국 국민과 재한외국인이 서로를 이해하고 존중하는 사회 환경을 만들어 대한민국의 발전과 사회통합에 이바지함을 목적으로 한다.

제2조 (정의)

1. "재한외국인" 이란 대한민국의 국적을 가지지 아니한 자로서 대한민국에 거주할 목적을 가지고 합법적으로 체류하고 있는 자를 말한다.

3. "결혼이민자" 란 대한민국 국민과 혼인한 적이 있거나 혼인관계에 있는 재한외국인을 말한다.

제5조 (외국인정책의 기본계획)① 법무부장관은 관계 중앙행정기관의 장과 협의하여 5년마다 외국인정책에 관한 기본계획을 수립하여야 한다.

제6조 (연도별 시행계획) ① 관계 중앙행정기관의 장은 기본계획에 따라 소

관별로 연도별 시행계획을 수립 · 시행하여야 한다.

② 지방자치단체의 장은 중앙행정기관의 장이 법령에 따라 위임한 사무에 관하여 당해 중앙행정기관의 장이 수립한 시행계획에 따라 당해 지방자치단체의 연도별 시행계획을 수립 · 시행하여야 한다.

제8조 (외국인정책위원회) ① 외국인정책에 관한 주요 사항을 심의 · 조정하기 위하여 국무총리 소속으로 외국인정책위원회(이하 "위원회"라 한다)를 둔다.

제10조 (재한외국인 등의 인권옹호) 국가 및 지방자치단체는 재한외국인 또는 그 자녀에 대한 불합리한 차별 방지 및 인권옹호를 위한 교육 · 홍보, 그 밖에 필요한 조치를 하기 위하여 노력하여야 한다.

제11조 (재한외국인의 사회적응 지원) 국가 및 지방자치단체는 재한외국인이 대한민국에서 생활하는 데 필요한 기본적 소양과 지식에 관한 교육 · 정보제공 및 상담 등의 지원을 할 수 있다.

제12조 (결혼이민자 및 그 자녀의 처우) ① 국가 및 지방자치단체는 결혼이민자에 대한 국어교육, 대한민국의 제도 · 문화에 대한 교육, 결혼이민자의 자녀에 대한 보육 및 교육 지원 등을 통하여 결혼이민자 및 그 자녀가 대한민국 사회에 빨리 적응하도록 지원할 수 있다.

② 제1항은 대한민국 국민과 사실혼 관계에서 출생한 자녀를 양육하고 있는 재한외국인 및 그 자녀에 대하여 준용한다.

제13조 (영주권자의 처우) ① 국가 및 지방자치단체는 대한민국에 영구적으로 거주할 수 있는 법적 지위를 가진 외국인(이하 "영주권자"라 한다)에 대하여 대한민국의 안전보장 · 질서유지 · 공공복리, 그 밖에 대한민국의 이익을 해치지 아니하는 범위 안에서 대한민국으로의 입국 · 체류는 대한민국 안에서의 경제활동 등을 보장할 수 있다.

② 제12조 제1항은 영주권자에 대하여 준용한다.

제14조 (난민의 처우) ① 「출입국관리법」 제76조의 2에 따라 난민의 인정을 받은 자가 대한민국에서 거주하기를 원하는 경우에는 제12조 제1항을 준용하여 지원할 수 있다.

② 국가는 난민의 인정을 받은 재한외국인이 외국에서 거주할 목적으로 출국하려는 경우에는 출국에 필요한 정보제공 및 상담과 그 밖에 필요한

지원을 할 수 있다.

제15조 (국적취득 후 사회적응) 재한외국인이 대한민국의 국적을 취득한 경우에는 국적을 취득한 날부터 3년이 경과하는 날까지 제12조 제1항에 따른 시책의 혜택을 받을 수 있다.

제16조 (전문외국인력의 처우 개선) 국가 및 지방자치단체는 전문적인 지식·기술 또는 기능을 가진 외국인력의 유치를 촉진할 수 있도록 그 법적 지위 및 처우의 개선에 필요한 제도와 시책을 마련하기 위하여 노력하여야 한다.

제18조 (다문화에 대한 이해 증진) 국가 및 지방자치단체는 국민과 재한외국인이 서로의 역사·문화 및 제도를 이해하고 존중할 수 있도록 교육, 홍보, 불합리한 제도의 시정이나 그 밖에 필요한 조치를 하기 위하여 노력하여야 한다.

제19조 (세계인의 날) ① 국민과 재한외국인이 서로의 문화와 전통을 존중하면서 더불어 살아갈 수 있는 사회 환경을 조성하기 위하여 매년 5월 20일을 세계인의 날로 하고, 세계인의 날부터 1주간의 기간을 세계인주간으로 한다.

② 세계인의 날 행사에 관하여 필요한 사항은 법무부장관 또는 특별시장·광역시장·도지사 또는 특별자치도지사가 따로 정할 수 있다.

III. 북한이탈주민 관련 주요 현행법 – 북한이탈주민의 보호 및 정착지원에 관한 법률

제1조 (목적) 이 법은 군사분계선이북지역(이하 "북한" 이라 한다)에서 벗어나 대한민국의 보호를 받고자 하는 북한주민이 정치·경제·사회·문화 등 모든 생활영역에 있어서 신속히 적응·정착하는데 필요한 보호 및 지원에 관한 사항을 규정함을 목적으로 한다.

제2조 (정의) 이 법에서 사용하는 용어의 정의는 다음과 같다.

1. "북한이탈주민" 이라 함은 북한에 주소·직계·가족·배우자·직장 등을

두고 있는 자로서 북한을 벗어난 후 외국의 국적을 취득하지 아니한 자를 말한다.

2. "보호대상자"라 함은 이 법에 의하여 보호 및 지원을 받는 북한이탈주민을 말한다.

3. "정착지원시설"이라 함은 보호대상자의 보호 및 정착지원을 위하여 제10조 제1항의 규정에 의하여 설치·운영하는 시설을 말한다.

4. "보호금품"이라 함은 이 법에 의하여 보호대상자에게 지급하거나 대여하는 금전 또는 물품을 말한다.

제4조 (기본원칙) ① 대한민국은 보호대상자에 대하여 인도주의에 입각하여 특별한 보호를 행한다.

② 대한민국은 외국에 체류하고 있는 북한이탈주민의 보호·지원 등을 위하여 외교적 노력을 다하여야 한다.

③ 보호대상자는 대한민국의 자유민주적 법질서에 적응하여 건강하고 문화적인 생활을 영위할 수 있도록 노력하여야 한다.

제5조 (보호기준 등) ① 보호대상자에 대한 보호 및 지원의 기준은 연령·세대구성·학력·경력·자활능력·건강상태 및 재산 등을 고려하여 합리적으로 정하여야 한다.

② 이 법에 의한 보호 및 정착지원은 원칙적으로 개인을 단위로 행하되, 필요하다고 인정하는 경우에는 대통령령이 정하는 바에 의하여 세대를 단위로 행할 수 있다.

③ 보호대상자에 대한 정착지원시설에서의 보호기간은 1년 이내로 하고, 거주지에서의 보호기간은 5년으로 한다. 다만, 특별한 사유가 있는 경우에는 제6조의 규정에 의한 북한이탈주민대책협의회의 심의를 거쳐 그 기간을 단축 또는 연장할 수 있다.

제6조 (북한이탈주민대책협의회) ① 북한이탈주민에 관한 정책을 협의·조정하고 보호대상자의 보호 및 정착지원에 관한 다음 각호의 사항을 심의하기 위하여 통일부에 북한이탈주민대책협의회(이하 "협의회"라 한다)를 둔다.

③ 위원장은 통일부차관이 되며, 협의회의 업무를 통할한다.

제7조 (보호신청 등) ① 북한이탈주민으로서 이 법에 의한 보호를 받고자 하

는 자는 재외공관 기타 행정기관의 장(각급 군부대의 장을 포함한다. 이하 "재외공관장등"이라 한다)에게 보호를 직접 신청하여야 한다. 다만, 대통령령이 정하는 직접 신청하기 어려운 사유가 있는 경우에는 그러하지 아니하다.

② 제1항의 규정에 의한 보호신청을 받은 재외공관장 등은 지체 없이 그 사실을 소속 중앙행정기관의 장을 거쳐 통일부장관과 국가정보원장에게 통보하여야 한다.

③ 제2항의 규정에 의하여 통보를 받은 국가정보원장은 임시보호 기타 필요한 조치를 취한 후 지체 없이 그 결과를 통일부장관에게 통보하여야 한다.

제8조 (보호결정 등) ① 통일부장관은 제7조 제3항의 규정에 의한 통보를 받은 때에는 협의회의 심의를 거쳐 보호여부를 결정한다. 다만, 국가안전보장에 현저한 영향을 끼칠 우려가 있는 자의 경우에는 국가정보원장이 그 보호여부를 결정하고, 그 결과를 지체 없이 통일부장관과 보호신청자에게 통보 또는 통지하여야 한다.

② 제1항 본문의 규정에 의하여 보호여부를 결정한 통일부장관은 그 결과를 지체 없이 관련 중앙행정기관의 장을 거쳐 재외공관장 등에게 통보하여야 하고, 통보를 받은 재외공관장등은 이를 보호신청자에게 즉시 통지하여야 한다.

제9조 (보호결정의 기준) 제8조 제1항 본문의 규정에 의하여 보호여부를 결정함에 있어서 보호대상자로 결정하지 아니할 수 있다.

제10조 (정착지원시설의 설치) ① 통일부장관은 보호대상자에 대한 보호 및 정착지원을 위하여 정착지원시설을 설치·운영한다. 다만, 제8조 제1항 단서의 규정에 의하여 국가정보원장이 보호하기로 결정한 자를 위하여서는 국가정보원장이 별도의 정착지원시설을 설치·운영할 수 있다.

제11조 (정착지원시설에의 보호 등) ① 제10조 제1항의 규정에 의하여 정착지원시설을 설치·운영하는 기관의 장은 보호대상자가 제22조 제1항의 규정에 의한 거주지로 전출할 때까지 정착지원시설에서 보호를 하여야 한다.

② 제1항의 규정에 의한 기관의 장은 정착지원시설에서 보호를 받는 보호대

상자에 대하여는 대통령령이 정하는 바에 의하여 보호금품을 지급할 수 있다.

③ 제1항의 규정에 의한 기관의 장은 보호대상자가 정착지원시설에서 보호를 받고 있는 동안 신원 및 북한이탈동기의 확인, 건강진단 기타 정착지원에 필요한 조치를 할 수 있다.

제13조 (학력인정) 보호대상자는 대통령령이 정하는 바에 의하여 북한 또는 외국에서 이수한 학교교육의 과정에 상응하는 학력을 인정받을 수 있다.

제14조 (자격인정) ① 보호대상자는 관계법령이 정하는 바에 의하여 북한 또는 외국에서 취득한 자격에 상응하는 자격 또는 그 자격의 일부를 인정 받을 수 있다.

② 통일부장관은 자격인정 신청자에게 대통령령이 정하는 바에 따라 자격인정을 위하여 필요한 보수교육 또는 재교육을 실시할 수 있다.

③ 제1항 및 제2항의 규정을 시행하기 위하여 필요한 경우 대통령령이 정하는 바에 따라 자격인정 여부를 심사하기 위한 위원회를 둘 수 있다.

제15조 (사회적응교육) 통일부장관은 보호대상자에 대하여 대통령령이 정하는 바에 의하여 대한민국에 정착하는 데 필요한 교육을 실시할 수 있다.

제16조 (직업훈련) 통일부장관은 직업훈련을 희망하는 보호대상자 또는 보호대상자이었던 자에 대하여 대통령령이 정하는 바에 의하여 직업훈련을 실시할 수 있다.

제17조 (취업보호 등) ① 통일부장관은 보호대상자가 정착지원시설로부터 그의 거주지로 전입한 후 대통령령이 정하는 바에 따라 최초로 취업한 날부터 2년간 취업보호를 실시한다. 다만, 사회적 취약계층, 장기근속자 등 취업보호 실시기간을 연장할 필요성이 있는 경우로서 대통령령이 정하는 사유에 해당하는 때에는 1년의 범위 내에서 취업보호 기간을 연장할 수 있다.

② 제1항의 규정에 따른 취업보호 실시기간은 실제 취업일수를 기준으로 하여 이를 정한다.

③ 통일부장관은 제1항의 규정에 의한 보호대상자(이하 "취업보호대상자"라 한다)를 고용한 사업주에 대하여는 대통령령이 정하는 바에 의하여

당해 취업보호대상자 임금의 2분의 1의 범위 안에서 고용·지원금을 지급할 수 있다.

④ 취업보호대상자를 고용하는 사업주는 당해 취업보호대상자가 북한을 이탈하기 전에 지녔던 직위·담당직무 및 경력 등을 고려하여 채용하도록 노력하여야 한다.

⑤ 통일부장관은 취업보호대상자를 고용함에 있어서 모범이 되는 사업주에 대하여는 대통령령이 정하는 바에 의하여 생산품의 우선구매 등의 지원을 할 수 있다.

⑥ 통일부장관은 보호대상자에 대하여 대통령령이 정하는 바에 의하여 취업을 알선할 수 있다.

제17조의2 (취업보호의 제한)

제17조의3 (영농정착지원) 통일부장관은 대통령령이 정하는 바에 따라 영농을 희망하는 보호대상자에 대하여 영농교육훈련 또는 농업현장실습 등 영농정착을 위한 지원을 할 수 있다.

제18조 (특별임용) ① 북한의 공무원이었던 자로서 대한민국의 공무원에 임용되기를 희망하는 보호대상자에 대하여는 북한을 벗어나기 전의 직위·담당직무 및 경력 등을 고려하여 국가공무원 또는 지방공무원으로 특별임용할 수 있다.

② 북한의 군인이었던 자로서 국군에 편입되기를 희망하는 보호대상자에 대하여는 북한을 벗어나기 전의 계급·직책 및 경력 등을 고려하여 국군으로 특별임용할 수 있다.

제19조 (가족관계등록창설의 특례) ① 통일부장관은 보호대상자로서 군사분계선이남지역(이하 "남한"이라 한다)에 가족관계등록이 되어 있지 아니한 자에 대하여는 본인의 의사에 따라 등록기준지를 정하여 서울가정법원에 가족관계등록창설허가신청서를 제출한다.

제19조의2 (이혼의 특례) ① 제19조의 규정에 따라 가족관계등록창설한 자중 북한에 배우자가 있는 자는 그 배우자가 남한지역에 거주하는지 여부가 불명확한 경우 이혼을 청구할 수 있다.

제20조 (주거지원 등) ① 통일부장관은 보호대상자에게 대통령령이 정하는 바에 의하여 주거지원을 할 수 있다.

② 제1항의 규정에 의하여 주거지원을 받는 보호대상자는 그 주민등록전입신고일부터 2년간 통일부장관의 허가를 받지 아니하고는 그 주거지원에 따라 취득하게 된 소유권·전세권 또는 임차권(이하 "소유권 등"이라 한다)을 양도하거나 저당권을 설정할 수 없다.

③ 제2항의 규정에 의한 소유권 등의 등기신청은 보호대상자를 대리하여 통일부장관이 이를 행한다. 이 경우 소유권 등은 양도나 저당권의 설정이 금지된다는 뜻을 그 등기신청서에 기재하여야 한다.

제21조 (정착금 등의 지급) ① 통일부장관은 보호대상자의 정착여건 및 생계유지능력 등을 고려하여 정착금 또는 그에 상응하는 가액의 물품(이하 "정착금품"이라 한다)을 지급할 수 있다.

② 통일부장관은 보호대상자가 제공한 정보나 가지고 온 장비(재화를 포함한다)의 활용가치에 따라 등급을 정하여 보로금을 지급할 수 있다.

④ 제1항의 규정에 따른 정착금은 이를 양도하거나 담보에 제공할 수 없고, 압류할 수 없다. 〈신설 2007.1.26〉

제22조 (거주지보호) ① 통일부장관은 보호대상자가 정착지원시설로부터 그의 거주지로 전입한 후 정착하여 스스로 생활하는데 따른 애로사항의 해소 기타 자립·정착에 필요한 보호를 실시할 수 있다.

제23조 (보고의무) 지방자치단체장은 대통령령이 정하는 바에 의하여 반기마다 보호대상자의 정착실태 등을 파악하여 행정안전부장관을 거쳐 통일부장관에게 보고하여야 한다.

제24조 (교육지원) 통일부장관은 보호대상자에 대하여 대통령령이 정하는 바에 의하여 그의 연령·수학능력 기타 교육여건 등을 고려하여 교육을 받을 수 있도록 필요한 지원을 할 수 있다.

제25조 (의료급여) 보호대상자와 그 가족에 대하여는 의료급여법이 정하는 바에 의하여 의료급여를 행할 수 있다.

제26조 (생활보호) 제11조의 규정에 의한 보호가 종료된 자로서 생활이 어려운 자에 대하여는 본인의 신청에 의하여 생활보호법 제3조의 규정에 불구하고 5년의 범위내에서 동법 제7조 내지 제14조의 규정에 의한 보호를 행할 수 있다.

제26조의2 (국민연금에 대한 특례) ① 제8조의 규정에 의한 보호결정 당시

50세 이상 60세 미만인 보호대상자는 「국민연금법」 제61조에 불구하고 국민연금을 지급받을 수 있다.

③ 보호대상자의 국민연금에 관하여 이 법에 규정된 사항 외에는 국민연금법에 의한다.

제26조의3 (생업지원) 국가와 지방자치단체 기타 공공단체는 소관 공공시설 안에 편의사업 또는 편의시설의 설치를 허가 또는 위탁하는 경우, 이 법에 의한 보호대상자의 신청이 있는 때에는 대통령령이 정하는 바에 따라 이를 우선적으로 고려하여야 한다.

제27조 (보호의 변경) ① 통일부장관은 협의회의 심의를 거쳐 보호 및 정착지원을 중지 또는 종료시킬 수 있다.

제28조 (신고의무 등) 보호대상자는 최초의 거주지 전입일부터 5년간 주소·직업 또는 근무지가 변동된 경우에는 그 사유가 발생한 날부터 14일 이내에 관할지방자치단체장에게 서면으로 신고하여야 하고, 신고를 받은 지방자치단체장은 그 신고서의 사본을 행정자치부장관을 거쳐 통일부장관에게 제출하여야 한다.

제29조 (비용의 부담) ① 이 법에 의하여 행하는 보호 및 정착지원의 비용은 국가가 이를 부담한다.

② 국가는 제22조 제2항의 규정에 의한 보호업무의 비용을 매년 해당 지방자치단체에 교부하며, 그 과부족액은 추가로 교부하거나 환수하여야 한다.

제30조 (북한이탈주민후원회) ① 다음 각호의 사업을 수행하기 위하여 북한이탈주민후원회를 설립한다.

1. 북한이탈주민의 생활안정 및 사회적응 지원사업
2. 북한이탈주민의 취업 지원사업
3. 기타 통일부장관이 북한이탈주민의 보호 및 정착지원에 필요하다고 인정하여 후원회에 위탁하는 사업

② 통일부장관은 후원회의 건전한 운영을 위하여 예산 등 필요한 지원을 할 수 있다.〈개정 1999.12.28〉

③ 후원회는 법인으로 한다.

④ 후원회에 대하여는 민법 중 재단법인에 관한 규정을 준용한다.

IV. 귀국교포 관련 주요 현행법–재외동포의 법적 지위에 관한 법률

제1조(목적) 이 법은 재외동포의 대한민국에의 출입국과 대한민국 안에서의 법적 지위를 보장함을 목적으로 한다.

제2조(정의) 이 법에서 "재외동포"란 다음 각 호의 어느 하나에 해당하는 자를 말한다.

1. 대한민국의 국민으로서 외국의 영주권을 취득한 자 또는 영주할 목적으로 외국에 거주하고 있는 자(이하 "재외국민"이라 한다)

2. 대한민국의 국적을 보유하였던 자(대한민국정부 수립 전에 국외로 이주한 동포를 포함한다) 또는 그 직계비속(直系卑屬)으로서 외국국적을 취득한 자 중 대통령령으로 정하는 자(이하 "외국국적동포"라 한다)[전문개정 2008.3.14]

제4조(정부의 책무) 정부는 재외동포가 대한민국 안에서 부당한 규제와 대우를 받지 아니하도록 필요한 지원을 하여야 한다.

제5조(재외동포체류자격의 부여) ① 법무부장관은 대한민국 안에서 활동하려는 외국국적동포에게 신청에 의하여 재외동포체류자격을 부여할 수 있다.

② 법무부장관은 외국국적동포에게 다음 각 호의 어느 하나에 해당하는 사유가 있으면 제1항에 따른 재외동포체류자격을 부여하지 아니한다.

③ 법무부장관은 제1항과 제2항에 따라 재외동포체류자격을 부여할 때에는 대통령령으로 정하는 바에 따라 외교통상부장관과 협의하여야 한다.

제6조(국내거소신고) ① 재외국민과 재외동포체류자격으로 입국한 외국국적동포는 이 법을 적용받기 위하여 필요하면 대한민국 안에 거소(居所)를 정하여 그 거소를 관할하는 출입국관리사무소장 또는 출입국관리사무소출장소장에게 국내거소신고를 할 수 있다.

제7조(국내거소신고증의 발급 등) ① 사무소장이나 출장소장은 제6조에 따라 국내거소신고를 한 재외국민이나 외국국적동포에게 국내거소신고번호를 부여하고 국내거소신고증을 발급한다.

제8조(국내거소신고증의 반납) 재외동포가 국내거소신고증을 지닐 필요가 없게 된 때에는 대통령령으로 정하는 바에 따라 그 사유가 발생한 날부터 14일 이내에 사무소장이나 출장소장에게 국내거소신고증을 반납하여야 한다.

제9조(주민등록 등과의 관계) 법령에 규정된 각종 절차와 거래관계 등에서 주민등록증, 주민등록표 등본·초본, 외국인등록증 또는 외국인등록 사실증명이 필요한 경우에는 국내거소신고증이나 국내거소신고 사실증명으로 그에 갈음할 수 있다.

제10조(출입국과 체류) ① 재외동포체류자격에 따른 체류기간은 최장 2년까지로 한다.

③ 국내거소신고를 한 외국국적동포가 체류기간 내에 출국하였다가 재입국하는 경우에는 「출입국관리법」 제30조에 따른 재입국허가가 필요하지 아니하다.

⑤ 재외동포체류자격을 부여받은 외국국적동포의 취업이나 그 밖의 경제활동은 사회질서 또는 경제안정을 해치지 아니하는 범위에서 자유롭게 허용된다.

제11조(부동산거래 등) ① 국내거소신고를 한 외국국적동포는 「외국인토지법」 제4조 제2항 제1호에 따른 경우 외에는 대한민국 안에서 부동산을 취득·보유·이용 및 처분할 때에 대한민국의 국민과 동등한 권리를 갖는다. 다만, 「외국인토지법」 제4조 제1항, 제5조 및 제6조에 따른 신고를 하여야 한다.

제12조(금융거래) 국내거소신고를 한 재외동포는 예금·적금의 가입, 이율의 적용, 입금과 출금 등 국내 금융기관을 이용할 때 「외국환거래법」상의 거주자인 대한민국 국민과 동등한 권리를 갖는다.

제13조(외국환거래) 재외국민이 지급수단을 수출하거나 외국에 지급하는 경우 「외국환거래법」 제15조와 제17조를 적용할 때 재외국민은 외국국적동포와 동등한 대우를 받는다.

제14조(건강보험) 국내거소신고를 한 재외동포가 90일 이상 대한민국 안에 체류하는 경우에는 건강보험 관계 법령으로 정하는 바에 따라 건강보험을 적용받을 수 있다.

제16조(국가유공자 · 독립유공자와 그 유족의 보훈급여금) 외국국적동포는 「국가유공자 등 예우 및 지원에 관한 법률」 또는 「독립유공자예우에 관한 법률」에 따른 보훈급여금을 받을 수 있다.

V. 다문화 이주민 관련 주요 현행법-다문화가족지원법

제1조(목적) 이 법은 다문화가족 구성원이 안정적인 가족생활을 영위할 수 있도록 함으로써 이들의 삶의 질 향상과 사회통합에 이바지함을 목적으로 한다.

제2조(정의) 이 법에서 사용하는 용어의 뜻은 다음과 같다.

1. "다문화가족"이란 다음 각 목의 어느 하나에 해당하는 가족을 말한다.

가. 「재한외국인 처우 기본법」 제2조 제3호의 결혼이민자와 「국적법」 제2조에 따라 출생 시부터 대한민국 국적을 취득한 자로 이루어진 가족

나. 「국적법」 제4조에 따라 귀화허가를 받은 자와 같은 법 제2조에 따라 출생 시부터 대한민국 국적을 취득한 자로 이루어진 가족

2. "결혼이민자등"이란 다문화가족의 구성원으로서 다음 각 목의 어느 하나에 해당하는 자를 말한다.

가. 「재한외국인 처우 기본법」 제2조 제3호의 결혼이민자

나. 「국적법」 제4조에 따라 귀화허가를 받은 자

제3조(국가와 지방자치단체의 책무)

제4조(실태조사 등)

제5조(다문화가족에 대한 이해증진) 국가와 지방자치단체는 다문화가족에 대한 사회적 차별 및 편견을 예방하고 사회구성원이 문화적 다양성을 인정하고 존중할 수 있도록 다문화 이해교육과 홍보 등 필요한 조치를 하여야 한다.

제6조(생활정보 제공 및 교육 지원) ① 국가와 지방자치단체는 결혼이민자 등이 대한민국에서 생활하는 데 필요한 기본적 정보를 제공하고, 사회 적응교육과 직업교육 · 훈련 등을 받을 수 있도록 필요한 지원을 할 수

있다.

제7조(평등한 가족관계의 유지를 위한 조치) 국가와 지방자치단체는 다문화가족이 민주적이고 양성평등한 가족관계를 누릴 수 있도록 가족상담, 부부교육, 부모교육, 가족생활교육 등을 추진하여야 한다. 이 경우 문화의 차이 등을 고려한 전문적인 서비스가 제공될 수 있도록 노력하여야 한다.

제8조(가정폭력 피해자에 대한 보호 · 지원) ① 국가와 지방자치단체는 다문화가족 내 가정폭력을 방지하기 위하여 노력하여야 한다.

② 국가와 지방자치단체는 가정폭력의 피해를 입은 결혼이민자 등에 대한 보호 및 지원을 위하여 외국어 통역 서비스를 갖춘 가정폭력 상담소 및 보호시설의 설치를 확대하도록 노력하여야 한다.

③ 국가와 지방자치단체는 결혼이민자 등이 가정폭력으로 혼인관계를 종료하는 경우 의사소통의 어려움과 법률체계 등에 관한 정보의 부족 등으로 불리한 입장에 놓이지 아니하도록 의견진술 및 사실확인 등에 있어서 언어통역, 법률상담 및 행정지원 등 필요한 서비스를 제공할 수 있다.

제9조(산전 · 산후 건강관리 지원) 국가와 지방자치단체는 결혼이민자 등이 건강하고 안전하게 임신 · 출산할 수 있도록 영양 · 건강에 대한 교육, 산전 · 산후 도우미 파견, 건강 검진과 그 검진 시 통역 등 필요한 서비스를 지원할 수 있다.

제10조(아동 보육 · 교육) ① 국가와 지방자치단체는 아동 보육 · 교육을 실시함에 있어서 다문화가족 구성원인 아동을 차별하여서는 아니 된다.

② 국가와 지방자치단체는 다문화가족 구성원인 아동이 학교생활에 신속히 적응할 수 있도록 교육지원대책을 마련하여야 하고, 특별시 · 광역시 · 도 · 특별자치도의 교육감은 다문화가족 구성원인 아동에 대하여 학과 외 또는 방과 후 교육 프로그램 등을 지원할 수 있다.

③ 국가와 지방자치단체는 다문화가족 구성원인 아동의 초등학교 취학 전 보육 및 교육 지원을 위하여 노력하고, 그 아동의 언어발달을 위하여 한국어교육을 위한 교재지원 및 학습지원 등 언어능력 제고를 위하여 필요한 지원을 할 수 있다.

제11조(다국어에 의한 서비스 제공) 국가와 지방자치단체는 제5조부터 제

10조까지의 규정에 따른 지원정책을 추진함에 있어서 결혼이민자 등의 의사소통의 어려움을 해소하고 서비스 접근성을 제고하기 위하여 다국어에 의한 서비스 제공이 이루어지도록 노력하여야 한다.

제12조(다문화가족지원센터의 지정 등)

제14조(사실혼 배우자 및 자녀의 처우) 제5조부터 제12조까지의 규정은 대한민국 국민과 사실혼 관계에서 출생한 자녀를 양육하고 있는 다문화가족 구성원에 대하여 준용한다.

 지은이 **김태수**

서울대 행정학 박사(1993)
그리스도대학교 교양학부 교수(1995~) 및 평생교육원장(2008~)
남북통합지원특성화사업단 참여교수(2008)
(사)학벌없는사회 사무처장 역임(2003~2004)

주요 저작
『학벌, 디지털 대한민국의 그 마지막 굴레』. 서원(2003)
『정부조직론』. 그리스도대학교 출판부(1998)
『복지행정론』(공저, 대표 저자). 대영문화사(1998)
『국가기구와 행정체제』. 한실(1990)
『구조주의의 이론』(편저서, Jean Piaget 원저). 인간사랑(1990)

한국 사회의 외래인 배제

초판1쇄 / 2009년 8월 20일

지은이 **김태수**
펴낸이 **여국동**
펴낸곳 **도서출판 인간사랑**
인 쇄 **백왕인쇄**
제 본 **은정제책사**

출판등록 1983. 1. 26. / 제일 3호

정가 15,000원

ISBN 978-89-7418-285-4 93330

(411- 815) 경기도 고양시 일산구 백석동 1178-1
TEL (031)901-8144, 907-2003
FAX (031)905-5815
e-mail/igsr@yahoo.co.kr / igsr@naver.com